Album Benary
ALTE GEMÜSESORTEN

ALBUM BENARY.

1876. — I.

ERNST BENARY, ERFURT.

Druck von G. A. Koenig in Erfurt.

ALBUM BENARY
Alte Gemüsesorten

Herausgegeben und mit einer
„Kleinen Geschichte der Gemüse"
versehen von
Jürgen Dahl

MANUSCRIPTUM

Nachdruck des zwischen 1876 und 1893 in neun Lieferungen erschienenen Mappenwerkes.
Das als Vorlage verwendete Exemplar befindet sich im Besitz der Firma
Ernst Benary Samenzucht GmbH, Hann. Münden.

Bild und Text wurden gegenüber dem Original auf 90% verkleinert.

ISBN 3-933497-59-0

© Manuscriptum Verlagsbuchhandlung
Thomas Hoof KG · Waltrop und Leipzig
Einbandgestaltung: CDE Köln
2. Auflage 2000

Inhalt

Kleine Geschichte der Gemüse 7

Register 21

Album Benary
(Tafeln I–XXXVI mit Sortenbezeichnungen
in Deutsch, Englisch, Französisch, Russisch) 23

Kraute oder Kopfkohle
[Rotkohl, Weißkohl] I

Wirsing (Savoyer- oder Börskohl) II

Blätterkohle *[Grünkohl]* und Rosenkohl III

Carotten oder Möhren IV

Kopfsalate V

Gurken VI

Buschbohnen VII

Rettige VIII

Kopfsalate IX

Salat-Rüben oder Beete *[Rote Bete]* X

Stangenbohnen XI

Wurzelgewächse
*[Zichorie, Kerbelrübe, Pastinake, Haferwurzel,
Petersilienwurzel, Rapunzelwurzel, Schwarzwurzel]* XII

Runkel- und Zucker-Runkelrüben XIII

Runkelrüben XIV

Zierkürbisse XV

Zwiebeln XVI

Spanische Pfeffer XVII

Glaskohlrabi XVIII

Melonen XIX

Monats-Radies XX

Zierkohle XXI

Zwiebeln XXII

Zucker-Erbsen XXIII

Tomaten oder Liebesäpfel XXIV

Kraute oder Kopfkohle
[Rotkohl, Weißkohl, Spitzkohl] XXV

Kopfsalate XXVI

Erbsen XXVII

Mangold oder Beete (Beisskohl) XXVIII

Zwiebeln XXIX

Treibgurken XXX

Wirsing (Savoyer- oder Börskohl) XXXI

Küchenkräuter
[Basilikum, Salbei, Kerbel, Portulak] XXXII

Winter-Endivien XXXIII

Tomaten oder Liebesäpfel XXXIV

Rabinschen (Feldsalat). Petersilien XXXV

Rettige XXXVI

Kleine Geschichte der Gemüse

„Schon die alten Ägypter ..." – so oder so ähnlich könnten die meisten Lebensgeschichten der heute gebräuchlichen Gemüse beginnen: Sie reichen weit zurück in Zeit und Vorzeit und verlieren sich oft genug im Dunkel des Übergangs vom Sammeln zum Ackerbau. Bodenfunde, die nicht immer verläßlich zu deuten sind, stehen bisweilen am Anfang, vereinzelte bildliche Darstellungen lassen immerhin Vermutungen zu, aber es bleiben viele Ungewißheiten. Auch die schriftliche Überlieferung späterer Zeiten hat ihre Tücken und Lücken, weil die Benennungen oft nicht eindeutig bestimmten Pflanzen zugeordnet werden können.

Erst die illustrierten Kräuterbücher aus dem 16. Jahrhundert lassen uns klarer sehen. Das „Contrafayt Kreuterbuch" (1530) von Otto Brunfels, das „New Kreüterbuch" (1543) von Leonhart Fuchs, das „New Kreutterbuch" (1539/46) von Hieronymus Bock und das „Kreutterbuch deß Petri Andreae Mattiolo" in der Übersetzung von Joachim Camerarius (1586, gedruckt 1626) – das sind die wichtigsten Werke jener Zeit, denen wir viele Informationen verdanken. Doch bleiben immer noch manche Details im Dunkel, bleiben etliche Zuordnungen und Interpolationen bloße Vermutung, und viele historische Zusammenhänge werden sich niemals endgültig klären lassen. Sicher ist jedenfalls, daß die Menschen, seit es sie gibt, aus den Pflanzen ihres Lebensraumes die schmackhaftesten und nährendsten aussuchten und sammelten und dann durch geduldige Auslese und Kreuzung zu dem machten, was heute bei uns auf den Tisch kommt.

Über Tausende von Jahren blieben jene, die das vollbrachten, namenlos. Erst vom 18. Jahrhundert an wurde die Pflanzenzüchtung zum systematisch betriebenen Beruf und nahm dann schnell Aufschwung. Vilmorin in Frankreich (gegründet 1775), Benary in Deutschland (1843), Thompson & Morgan in England (1855) – das sind nur drei Namen von Saatzuchtbetrieben, die noch heute existieren. Je besser man die Praktiken von Auslese und Kreuzung zu verstehen und anzuwenden lernte, um so gezielter konnte man auf die Erzeugung von Sorten mit bestimmten Eigenschaften hinarbeiten: Bohnen ohne Fäden, ertragreiche Tomaten, zarte Rettiche und mehltauresistente Gurken. Es war ein beharrliches Spiel mit den genetischen Potentialen der Pflanzen, man suchte sich zu überbieten mit jährlichen Neuheiten und spektakulären Sorten.

An dieser Stelle sei vermerkt, daß der Begriff der *Art* reserviert ist für die Spezies im botanischen Sinne, abgekürzt „sp." (Plural: „spp."), während die züchterischen Abwandlungen einer Art gärtnerisch als *Sorte* bezeichnet werden. Zur *Art* gehören auch die verschiedenen Abwandlungen: „var." für Varietät, „convar." für eine Gruppe von Varietäten, „ssp." (Plural: „sspp.") für Unterart.

Manche der gezüchteten Sorten waren insofern beständig, als ihre Samen bei der Weiterkultur stets wieder die gleiche Sorte mit den gleichen Eigenschaften erbrachten. Andere Kreuzungen spalteten in den folgenden Generationen wieder auf, mußten also zur Samengewinnung immer wieder neu gekreuzt werden. Solche F_1-Hybriden tauchen im Samenhandel immer häufiger auf, wobei zum Teil als Eltern reinerbige Inzuchtlinien verwendet werden; diese (selbst meist degenerierten) Eltern ergeben in der 1. Filialgeneration oft besonders gute Eigenschaften.

Der praktische Nachteil dieser Züchtungsverfahren besteht darin, daß der Gärtner das Saatgut immer neu vom Züchter kaufen muß und nicht mit selbstgewonnenem Samen arbeiten kann. Die viel schwerer wiegende Folge aber ist, daß immer mehr robuste alte Sorten samt ihrem Genpotential aussterben; zum Teil handelt es sich dabei um wertvolle und bewährte Lokalsorten, die unwiederbringlich verlorengehen. Die Bürokraten der Europäischen Union führen geradezu einen Vernichtungskampf gegen solche Sorten: Eine Saatgutverordnung, die man nur als aberwitzig und unverantwortlich bezeichnen kann, untersagt den Handel mit historischen und lokalen Sorten, die nicht im Brüsseler Sortenverzeichnis erfaßt sind. Die Auslöschung dieser Sorten ist offenbar das Endziel.

Viel weiter als die hergebrachten Methoden der Kreuzung reichen die Möglichkeiten der neuzeitlichen Gentechnik; sie vermag – über die Artgrenzen hinaus – Eigenschaften eines Organismus auf einen anderen zu übertragen. Was dies für die Erzeugung – vielleicht sagt man hier besser: Erfindung – neuer Gemüsepflanzen bedeuten wird, ist nicht abzusehen. Sicher ist nur, daß den möglicherweise staunenswerten Erfolgen solcher Bastelkünste unabschätzbare Risiken gegenüberstehen – nicht zuletzt Gefahren für das ehrwürdige Erbe unserer in Jahrtausenden entstandenen Kulturpflanzen.

Die folgende kurze Darstellung der Geschichte unserer wichtigsten Gemüsearten – keinesfalls soll hier Vollständigkeit angestrebt werden – ist nach dem botanischen System geordnet, also nach den Pflanzenfamilien, aus denen diese Gemüse stammen. Die Nomenklatur richtet sich mit wenigen Ausnahmen nach ZANDER Handwörterbuch der Pflanzennamen. Alle im „Album Benary" abgebildeten Gemüsearten werden behandelt, darüber hinaus einige bei Benary nicht aufgeführte Arten, deren Fehlen in einer „Kleinen Geschichte der Gemüse" der Leser zu Recht beanstanden würde. Von den volkstümlichen Namen der Gemüse werden nur die wichtigsten erwähnt.

Verzichtet wurde auf den Versuch, die im Benary-Album vorgestellten Sorten zu den gegenwärtig in Kultur befindlichen in Beziehung zu setzen. Selbst wo sich eine Übereinstimmung in der Gestalt oder im Sortennamen ergibt, ließe sich – nach 120 Jahren – nicht ohne weitere Überprüfung am lebenden Objekt eine Identität behaupten. Zudem enthält das Album keineswegs alle von Benary angebotenen Sorten, so daß jeder Vergleich mit den heute auf dem Markt befindlichen Sorten hoffnungsloses Stückwerk bleiben müßte.

Einen Gesamtüberblick über die Arten, die im historischen Abriß behandelt werden, gibt die folgende Systematik:

Portulakgewächse/*Portulacaceae*
Portulak

Gänsefußgewächse/*Chenopodiaceae*
Rübe, Mangold, Rote Bete
Guter Heinrich
Spinat
Gartenmelde

Kreuzblütler/*Cruciferae*
Kohl
Kohlrübe, Herbstrübe
Meerrettich
Rauke
Rettich, Radieschen

Schmetterlingsblütler/*Leguminosae*
Erbse
Dicke Bohne
Grüne Bohne
Feuerbohne
Linse

Doldenblütler/*Umbelliferae*
Pastinake
Zuckerwurzel
Möhre
Sellerie
Petersilie
Fenchel
Kerbelrübe
Kerbel

Lippenblütler/*Labiatae*
Basilikum
Salbei

Nachtschattengewächse/*Solanaceae*
Tomate
Aubergine
Paprika, Spanischer Pfeffer

Baldriangewächse/*Valerianaceae*
Feldsalat

Kürbisgewächse/*Cucurbitaceae*
Melone
Kürbis
Gurke

Glockenblumengewächse/*Campanulaceae*
Rapunzelwurzel

Korbblütler/*Compositae*
Salat
Zichorie, Chicorée, Endivie
Schwarzwurzel
Haferwurzel
Artischocke, Cardy

Zwiebelgewächse/*Alliaceae*
Zwiebel
Schnittlauch
Winterheckzwiebel
Porree
Knoblauch

Liliengewächse/*Liliaceae*
Spargel

Portulak
Portulaca oleracea ssp. *sativa*

Der PORTULAK kann nicht eigentlich zu den Gemüsen gezählt werden, sondern wird eher als würzende Beigabe zum Salat verwendet. Eine Wildform davon ist nicht bekannt, doch ist er aus der Gartenkultur immer wieder verwildert und inzwischen weltweit anzutreffen. Daß er bereits in der Antike im Mittelmeerraum gesammelt oder kultiviert wurde, ist möglich, aber nicht zweifelsfrei nachzuweisen. Wohl kennt man den Portulak aus Funden bei Römersiedlungen im Rheinland. Im 16. Jahrhundert nennen die Kräuterbücher die grüne Form, vom 17. Jahrhundert an wird auch die „goldene", d. h. gelbblättrige Varietät erwähnt.

Rübe, Mangold, Rote Bete
Beta vulgaris sspp.

Die Familie der Gänsefußgewächse liefert uns eine der wichtigsten Nahrungspflanzen. Daß ihre Beliebtheit als Gemüse abgenommen hat, wird wettgemacht durch ihre Bedeutung für die Zuckergewinnung. Alle Kulturformen stammen ab von der Wilden Rübe (*Beta vulgaris* ssp. *maritima*), einer ausdauernden Pflanze, die an den atlantischen Küsten Europas und im Mittelmeerraum, ferner östlich bis Iran und Indien heimisch ist.

Es gibt Gründe für die Vermutung, daß alle Vorkommen ursprünglich vom Mittelmeer ausgegangen sind. Die alten Griechen haben die Rübe bereits kultiviert, und später haben die Römer eine ihrer Varianten entwickelt – die ROTE BETE (*B. vulgaris* var. *vulgaris*). Zuvor gab es davon schon eine weiße Form. Bei der Weißen und der Roten Bete ist die Knolle fleischig verdickt, während beim MANGOLD das Blattwerk besonders üppig entwickelt ist. Es gibt den SCHNITTMANGOLD (*B. vulgaris* var. *cicla*), auch BEISSKOHL, von dem die Blätter zusammen mit den Stielen verwendet werden, und den STIELMANGOLD, dessen besonders breite Blattrippen wie Spargel zubereitet werden können (*B. vulgaris* var. *flavescens*).

Der Mangold war schon um 500 v. Chr. auf griechischen Märkten gängig und ist durch die Römer nach Deutschland gekommen. Wie bei manchen anderen Gemüsen stand bei ihm die Bedeutung als Heilkraut zunächst im Vordergrund. Im Kräuterbuch von Otto Brunfels (1532) ist der „Römische Mangolt" seiner medizinischen Wirkungen wegen aufgeführt.

Die dritte Kulturform der Wilden Rübe ist die RUNKELRÜBE (*B. vulgaris* var. *rapacea*), die wohl auch schon im vorchristlichen Griechenland bekannt war, deren dicke Formen aber erst sehr viel später in dem für Rüben günstigen Klima des Rheinlandes entstanden sind. Im 18. Jahrhundert wurde die Runkelrübe dort feldmäßig angebaut, später auch anderwärts. Die Runkelrübe diente aber fast ausschließlich als Viehfutter und wurde nur in Notzeiten für die menschliche Ernährung genutzt. Durch züchterische Auslese auf den Zuckergehalt hin entstand um 1800 in Schlesien aus der Runkelrübe die ZUCKERRÜBE (*B. vulgaris* var. *altissima*). Sie erlangte bald eine große Bedeutung für die industrielle Zuckerproduktion, wird inzwischen auf der ganzen Welt in klimatisch geeigneten Gebieten angebaut und liefert fast die Hälfte der Weltproduktion von Zucker.

Guter Heinrich
Chenopodium bonus-henricus

Dieses Gänsefußgewächs kommt in ganz Europa wild vor und war als Heilpflanze gegen Skorbut geschätzt. Vor allem in England wurde der GUTE HEINRICH aber auch schon früh in den Gärten kultiviert, weil er als ausdauernde Pflanze über das ganze Jahr ständig nachwachsende Blätter liefert, die ein vortreffliches „Spinat"-Gemüse ergeben. Im Laufe des 19. Jahrhunderts geriet der Gute Heinrich außer Gebrauch und fast in Vergessenheit. Erst neuerdings scheint er wieder Beachtung zu gewinnen.

Spinat
Spinacia oleracea

In Afghanistan und anderen Gebieten Mittelasiens gibt es mehrere Arten der Gattung *Spinacia*, die unserer Kulturform sehr ähnlich sind. Aus diesen ist wohl der SPINAT entstanden. Um 600 v. Chr. kam er nach China, später zu den Arabern und von diesen im 11. Jahrhundert nach Spanien; von dort ist er vielleicht nach Deutschland gelangt, doch ist es auch möglich, daß die Kreuzfahrer ihn aus dem Orient mitgebracht haben. Jedenfalls wird der Spinat in den Kräuterbüchern des 16. Jahrhunderts als Gartengemüse aufgeführt, wobei sich allerdings aus den Abbildungen ergibt, daß die Pflanze damals eher dreieckige als rundliche Blätter trug. Bis ins 19. Jahrhundert hinein gab es solche Sorten noch, zugleich aber auch schon den rundblättrigen Spinat, der heute die einzige kultivierte Form ist.

Gartenmelde
Atriplex hortensis

Die GARTENMELDE ist in ganz Europa eingebürgert, stammt ursprünglich aber wohl aus Vorderasien. Sie wurde schon im antiken Griechenland kultiviert, dann auch bei den Römern, die sie, wie Funde zeigen, nach Deutschland gebracht haben. In englischen Gärten erschien sie im 16. Jahrhundert und wurde dort wie auch in anderen Ländern lange Zeit angebaut. Allerdings hat sie nie größere Bedeutung gewonnen, was damit zusammenhängen mag, daß andere Gartengemüse weit ertragreicher sind. Ihre Beliebtheit verdankte sie vor allem dem Umstand, daß sie sehr früh im Jahr geerntet werden kann.

KOHL
Brassica oleracea sspp.
Der KOHL ist von jeher der Inbegriff preiswerter Nahrhaftigkeit. Früher war er auch wegen seiner Heilsamkeit bei mancherlei Gebresten geschätzt und wurde doch immer wieder verachtet als Sinnbild für Armut und Beschränktheit. Der Römer Cato hingegen spricht um 235 v. Chr. vom Kohl als vom „allerbesten Gemüse" – und schon viele Jahrhunderte vor ihm gab es bei Griechen und Römern mehrere Kohlsorten. Vielleicht waren sie aus Ägypten gekommen, denn die Römer sprachen auch vom „Alexandrinischen Kohl".

Die wilde Stammpflanze aller Kohlarten, *Brassica oleracea* ssp. *oleracea*, wächst an der Atlantikküste von Nordspanien über Frankreich und England bis nach Nordostschottland. Ob der auf Helgoland wachsende Wildkohl dazugehört, ist noch immer umstritten; es könnte sich um eine verwilderte Kulturform handeln. Im Mittelmeergebiet gibt es noch weitere wildwachsende *Brassica*-Arten, von denen manche Botaniker meinen, daß sie bei der Entstehung unserer Kohlarten eine Rolle gespielt haben.

Sicher zu den ältesten Formen gehört der GRÜNKOHL (auch BRAUNER KOHL genannt), botanisch *B. oleracea* var. *sabellica*. Er zeigt noch die offene Blattgestalt und den hohen Stamm der Wildform, jedoch mit stark gekrausten Blättern. Im 3. Jahrhundert v. Chr. muß er schon in Griechenland bekannt gewesen sein, kam dann nach Italien und von dort nach Deutschland. In den Kräuterbüchern des 16. Jahrhunderts ist er aufgeführt, nicht zuletzt wegen seiner heilenden Wirkungen, die er mit allen anderen Kohlsorten gemein hat. *III*

Auch die Kopfkohle, also die mehr oder weniger geschlossenen Formen, deren Blätter sich nach innen wenden und eine feste Kugel bilden, sind schon früh entstanden. Allerdings sind bei den mediterranen Vorgängern die Köpfe noch nicht fest geschlossen, wohl aber ist der Strunk bereits gestaucht. Es handelt sich um die Formen *B. oleracea* var. *capitata* (WEISSKOHL, ROTKOHL, SPITZKOHL) und var. *sabauda* (WIRSING). In Deutschland finden wir die ersten eindeutigen Darstellungen in den Kräuterbüchern aus dem 16. Jahrhundert, doch muß die Kultur schon weit vorher üblich gewesen sein. *I, XXV; II, XXXI*

Ebenfalls in den Kräuterbüchern finden wir den hochwachsenden MARKSTAMMKOHL (*B. oleracea* var. *medullosa*), der eher als gehaltvolles Viehfutter verwendet wurde, und den KOHLRABI, (var. *gongylodes*), bei dem der Wurzelhals zu einer Knolle gestaucht und mehr oder weniger verdickt ist. Beide Sorten entstanden in Italien, möglicherweise unter Beteiligung einheimischer Wildarten. *XVIII*

BROKKOLI (*B. oleracea* var. *italica*) und BLUMENKOHL (var. *botrytis*) sind vermutlich im alten Griechenland gezüchtet worden. Die Wildform *Brassica cretica* gehört wohl zu beider Ahnen. Um 1500 kamen sie nach Italien und wurden dann in Europa verbreitet. Bei beiden sind die Blütenknospen eng zu Köpfen gedrängt und werden schon im ersten Halbjahr nach der Aussaat geerntet.

Die jüngste Form des wandlungsfähigen Kohls ist der ROSENKOHL (*B. oleracea* var. *gemmifera*), der 1785 zum ersten Mal in Belgien als „Brüsseler Kohl" auftauchte und sich dann schnell in Mitteleuropa und auch nach England verbreitete. Seine Blattknospen stehen als kugelige Rosetten eng am Stamm entlang. Im alten Rom gab es eine ähnliche Form, den „Aricischen Kohl", dessen Röschen allerdings sehr viel lockerer waren. *III*

Neben den genannten Hauptformen (und innerhalb dieser Gruppen) sind im Laufe der Zeit, vor allem mit den immer konsequenteren Züchtungsbemühungen des 19. Jahrhunderts, zahlreiche Sorten entstanden, die zum Teil erheblich von den Grundformen abweichen. Dazu zählt auch der ZIERKOHL, der zur var. *acephala* gehört und eine offene Blattrosette hat, die sich bei niedrigen Temperaturen auf unterschiedliche Weise bunt färbt. Wahrscheinlich stammt der Zierkohl aus Japan. In England war er zu viktorianischer Zeit außerordentlich beliebt, ist aber heute auch wieder auf mitteleuropäischen Märkten zu sehen. *XXI*

KOHLRÜBE, HERBSTRÜBE
Brassica spp.
Eng verwandt mit dem so vielfältig abwandelnden Kohl ist der RAPS (*Brassica napus*), der als Gemüse freilich nur eine untergeordnete Rolle spielt: Seine Blätter wurden nur gelegentlich in jungem Zustand als Schnittkohl genutzt.

Es gibt aber vom Raps eine Unterart (*Brassica napus* ssp. *rapifera*), deren Wurzel und unterer Stengelteil verdickt sind. Diese Wurzel heißt KOHLRÜBE, STECKRÜBE oder UNTERKOHLRABI, und es gibt sie in zwei Varianten, einer weißfleischigen, die als Viehfutter verwendet wird, und einer gelbfleischigen, die einen angenehmen Geschmack nach Kohl hat und in manchen Gegenden Deutschlands noch bis weit nach dem Zweiten Weltkrieg als Gemüse auf den Tisch kam.

Die wilden Vorfahren des Rapses sind nicht bekannt. Man nimmt an, daß er in sehr früher Zeit im Mittelmeergebiet aus einer Kreuzung von *Brassica oleracea* und *Brassica rapa* (früher *B. campestris*) entstanden ist. *B. rapa* ist südeuropäischen Ursprungs, hat sich aber über ganz Mitteleuropa verbreitet. Steinzeitliche Funde belegen die Verwendung der Wildpflanze als Nahrungsmittel, und bis ins 16. Jahrhundert hinein war die „Rübe" wohl stets *Brassica rapa*, gewiß im Laufe der Zeit durch Auslese modifiziert. Es entstanden schließlich Varianten, von denen die eine (*B. rapa* ssp. *oleifera*) nur zur Ölgewinnung diente, während bei der anderen (ssp. *rapa*) die verdickte Wurzel ein beliebtes Gemüse bildete. Der Sammelname dafür ist WEISSRÜBE; wird sie im März ausgesät und im Mai geerntet, spricht man von MAIRÜBEN, bei Aussaat im Juli und Ernte im Herbst von HERBST- oder STOPPELRÜBEN. Vom 16. Jahrhundert an war diese Rübe vor allem in Norddeutschland, Belgien und den Niederlanden als Feldfrucht verbreitet.

Eine Sonderform der ssp. *rapa* ist die TELTOWER RÜBE (auch MÄRKISCHE RÜBE), die zuerst in Teltow gezüchtet wurde; sie ist weniger wasserhaltig und hat einen sehr angenehmen Geschmack.

Auch andere Lokalformen sind im Laufe der Zeit entstanden. In wenigen Gegenden Deutschlands gab es auch den RÜBSTIEL als Gemüse – das sind die jungen Triebe, die man im Frühjahr ernten kann, wenn man die Rübe über den Winter stehen läßt. Ganz selten kann man den kleingeschnittenen Stielen noch hie und da auf dem Markt begegnen.

In China hat man schon früh Varianten von *Brassica rapa* gezüchtet, die erst in den letzten Jahrzehnten bei uns Eingang gefunden haben und von manchen Botanikern auch als eigene Arten angesehen werden. Es sind vor allem das Blattgemüse PAK-CHOI, *Brassica sinensis* (oder *B. rapa* ssp. *chinensis*) und der CHINAKOHL, *B. pekinensis* (oder *B. rapa* ssp. *pekinensis*), bei dem die Züchtung einen länglichen Kopf mit sehr breiten Blattrippen ergeben hat.

MEERRETTICH
Armoracia rusticana
In die Verwandtschaft von Kohl und Rübe, nämlich zu den Kreuzblütlern, gehören zwei weitere Gemüsepflanzen: Meerrettich und Rauke.

Der MEERRETTICH stammt aus Südrußland. Er wurde schon im Altertum angebaut und ist wahrscheinlich durch die Römer nach Mitteleuropa gebracht worden. Er zählt zu den Pflanzen, deren Heilwirkung zunächst wichtiger war als ihre Verwendung in der Küche.

RAUKE
Eruca sativa
Auch die RAUKE wurde anfangs ihrer heilenden Wirkung wegen angebaut. Sie ist eine sehr alte Kulturpflanze aus dem Mittelmeergebiet und hat bei uns als Salatpflanze erst in den letzten Jahrzehnten Verbreitung gefunden.

RETTICH, RADIESCHEN
Raphanus sativus
Die saftige, scharfschmeckende Wurzel des Kreuzblütlers *Raphanus sativus* hat zunächst als RETTICH große Bedeutung erlangt. Die Kulturform *Rh. sativus* var. *niger* ist wahrscheinlich im Mittelmeergebiet aus verschiedenen wilden Raphanus-Arten (*Rh. maritimus* u. a.) durch Kreuzung entstanden. Sie ist in Ägypten um 2700 v. Chr. nachweisbar, war den Griechen und Römern bekannt und wurde von den letzteren nach Mitteleuropa gebracht. Es gibt den weißen Mai- oder Sommerrettich und den schwarzen Herbst- oder Winterrettich. *VIII, XXXVI*

Kleiner und milder ist die andere Kulturform, das RADIESCHEN (*Rh. sativus* var. *sativus*), das keine Wurzel, sondern eine Knolle ist, die aus dem sogenannten Hypokotyl, dem Abschnitt zwischen Wurzel und Sproß, durch Verdickung entsteht. Auch der Eiszapfen ist eine Form des Radieschens. Die frühen Radieschensorten, die erst im 16. Jahrhundert in Mitteleuropa belegt sind, waren länglich und weiß, während die runden und teils roten Varianten erst im 18. Jahrhundert auftauchten und dann in großer Formenvielfalt weitergezüchtet worden sind. *XX*

ERBSE
Pisum sativum ssp. *sativum*
Wahrscheinlich stammt die GARTENERBSE von dem im Mittelmeergebiet wild vorkommenden *Pisum elatius* ab. Sie wurde schon sehr früh in Ägypten, Kleinasien und dem Vorderen Orient kultiviert.

Die ältesten Funde stammen aus der Zeit um 5700 v. Chr. Steinzeitliche Funde belegen den Anbau der Erbse in manchen Gegenden Mitteleuropas. Noch in vorchristlicher Zeit verbreitete sie sich östlich über Indien bis China, westlich zu den Römern, die sie allerdings offenbar nicht sonderlich schätzten. Aus dem Mittelalter sind uns keine Belege überliefert; erst in den Kräuterbüchern des 16. Jahrhunderts taucht die Erbse auf, bleibt indessen von untergeordneter Bedeutung. Um so stärker ist sie dann im 19. und 20. Jahrhundert züchterisch bearbeitet worden, wobei zahlreiche neue Sorten entstanden.

Man unterscheidet drei große Gruppen: die PALERBSEN, auch SCHALERBSEN, KNEIFELERBSEN oder BROCKELERBSEN (*Pisum sativum* convar. *sativum*), die getrocknet werden können, ohne daß sie ihre runde Form verlieren; die MARKERBSEN oder RUNKELERBSEN (convar. *medullare*), die nur als frische grüne Erbsen verwendbar sind, weil sie beim Trocknen stark schrumpfen; und die ZUCKERERBSEN (convar. *axiphium*), die zumindest im jungen Zustand noch keine verhärtete Haut in den Hülsen bilden und deshalb mit diesen zusammen als Gemüse bereitet werden können.

XXVII

XXIII

DICKE BOHNE
Vicia faba
PUFFBOHNE, SAUBOHNE, PFERDEBOHNE sind andere Namen für diese alte „Bohnen"-Art, die botanisch eine Wicke ist. Manche ihrer zahlreichen Varianten sind als Viehfutter verwendet worden. Die Wildform von *Vicia faba* kennt man nicht. Es ist aber wahrscheinlich, daß die DICKE BOHNE aus Afghanistan und Mittelasien stammt und dort zuerst in kleinfrüchtigen Sorten angebaut wurde. Aus dem Nahen Osten gibt es steinzeitliche Funde um 600 v. Chr., aus Ägypten um 2500 v. Chr. Im Mittelmeergebiet ist die Dicke Bohne bis heute sehr verbreitet.

In Mitteleuropa tauchte sie erst um 1000 v. Chr. auf, fand dann aber allgemeine Verbreitung und blieb bis ins 18. Jahrhundert hinein eine wichtige Frucht, bis sie von der aus Amerika eingeführten Grünen Bohne verdrängt wurde. In bestimmten Gegenden (z. B. am Niederrhein) ist die Dicke Bohne immer noch eine traditionelle Gemüsepflanze.

GRÜNE BOHNE
Phaseolus vulgaris
Noch heute kommt in den Anden Südamerikas *Phaseolus aborigineus* vor, die Wildart, von der unsere GRÜNE BOHNE (auch GARTENBOHNE, FITZ-BOHNE, FISOLE) abstammt. Gleich nach der Eroberung Südamerikas kamen die Grünen Bohnen nach Europa, wo sich der älteste Beleg im Kräuterbuch von Leonhart Fuchs (1543) findet. Dort heißen sie „Welsch Bonen", doch hat „welsch" hier nur die Bedeutung von „ausländisch".

Im vorgeschichtlichen Peru waren die Bohnen ein wichtiges Nahrungsmittel. Funde aus der Zeit um 6000 v. Chr. belegen ihre Verwendung. In späteren Zeiten (um 300 v. Chr.) führte die Vervollkommnung der Bewässerungstechniken zu einer weiten Verbreitung der Bohnenkultur.

Die ältere Form ist die windende STANGENBOHNE (*Ph. vulgaris* ssp. *vulgaris* var. *vulgaris*). Aus ihr wurde die BUSCHBOHNE (*Ph. vulgaris* ssp. *vulgaris* var. *nanus*) gezüchtet.

XI

VII

FEUERBOHNE
Phaseolus coccineus (= *Ph. multiflorus*)
Wie die Grüne Bohne stammt die FEUERBOHNE (auch PRUNKBOHNE) aus Südamerika, wo sie gleichfalls schon prähistorisch nachweisbar ist. In Paris wurde sie um 1600 als Zierpflanze gezogen, verbreitete sich dann über ganz Mitteleuropa und wurde vor allem in England als Runner Bean, Scarlet Bean oder Painted Lady sehr beliebt. Sie ist aber auch stets als Gemüsepflanze genutzt worden.

Nicht völlig geklärt und wohl auch nicht mehr zu klären ist die Identität anderer Bohnenarten, die in der Literatur schon vor der Entdeckung Südamerikas auftauchen, so „faseolus" bei Albertus Magnus (um 1260). Auch im vorchristlichen Griechenland sind windende Bohnen bezeugt. Wahrscheinlich gehen sie zurück auf die aus Afrika stammende und ab etwa 2500 v. Chr. in Ägypten kultivierte KUHBOHNE (*Vigna unguiculata*). In tropischen und subtropischen Gebieten sind noch viele andere Bohnenarten angebaut (oder gesammelt) worden, die in unserem Klima nicht erfolgreich kultiviert werden können, inzwischen aber als Importware auf vielen größeren Märkten zu haben sind.

LINSE
Lens culinaris
Im „Album Benary" ist die LINSE nicht aufgeführt. Ihr Anbau in Deutschland war damals schon sehr im Rückgang begriffen. Gleichwohl verdient sie Erwähnung, weil sie eine der ältesten Nahrungspflanzen des Menschen ist. Sie ist schon für die Alt- und Mittelsteinzeit im östlichen Mittelmeergebiet, in Ägypten und dem Vorderen Orient

nachweisbar, wobei es sich um gesammelte Früchte der Wildarten handelt (*Lens orientalis* u. a.). Der Anbau und die Entwicklung der Kulturform *Lens culinaris* dürften um 7000 v. Chr. im östlichen Mittelmeergebiet begonnen haben und breiteten sich dann langsam nach Süditalien und Spanien sowie über den Balkan nach Mitteleuropa aus. Jungsteinzeitliche Funde in Mitteleuropa sind auf wenige Gebiete beschränkt, auch aus Römerzeit und Mittelalter sind die Belege für den Anbau in Deutschland eher sporadisch. Die Kräuterbücher des 16. Jahrhunderts führen indessen zwei Linsensorten an, und es hat danach einen zunehmenden Anbau in bestimmten Gegenden gegeben, der im Laufe des 19. Jahrhunderts wieder zurückging.

PASTINAKE
Pastinaca sativa ssp. *sativa*

Die PASTINAKE (auch HAMMELMÖHRE) kommt in ganz Europa wild vor, ist aber auch häufig aus Kulturen verwildert. Die Wildform hat nur eine dünne, harte Wurzel, während die Wurzel der Kulturform dick und fleischig ist und im Gegensatz zur Wildform angenehm nach Möhren riecht.

Die Geschichte der Pastinaken-Kultur ist schwierig aufzuhellen, weil von der Antike bis ins 17. Jahrhundert hinein in der schriftlichen Überlieferung keine eindeutige Unterscheidung zwischen Pastinake und Möhre getroffen wurde. Besonders in England und Frankreich hat man sich mit der Züchtung befaßt, doch gab es nur wenige Kulturvarietäten, die später von den schmackhafteren und formenreicheren Möhrensorten verdrängt wurden. Immerhin ist die Pastinake auf Märkten noch gelegentlich zu haben und wird mancherorts gärtnerisch angebaut.

ZUCKERWURZEL
Sium sisarum

Die ZUCKERWURZEL gehört mit Möhre und Pastinake zu den Pflanzen, deren Bezeichnungen in der schriftlichen Überlieferung immer wieder verwechselt wurden, so daß nicht eindeutig feststeht, ob sie in der Antike bereits kultiviert worden ist. Erst in den Kräuterbüchern des 16. Jahrhunderts ist die Pflanze sicher zu identifizieren. Es scheint, daß sie zu jener Zeit häufig angebaut worden ist. Im 19. Jahrhundert wurde sie nur noch selten in Gärten gezogen; heute ist sie fast unbekannt.

Man nimmt an, daß die Zuckerwurzel von Rußland nach Mitteleuropa gekommen ist. Die Wildform ist jedenfalls in Südrußland, auf dem Balkan und östlich bis in den Iran verbreitet. In China und Japan wird eine eng verwandte Art kultiviert.

Ein Hindernis für die Kultur in größerem Maßstab dürfte die Tatsache gebildet haben, daß die Zuckerwurzel nicht eine große, sondern viele kleine Wurzeln hat, die höchstens die Größe eines kleinen Fingers erreichen. Sie sind zwar schmackhaft und so süß, daß man auch Zucker daraus gewinnen kann, doch gestalten sich Ernte und Verarbeitung ziemlich mühselig.

MÖHRE
Daucus carota ssp. *sativus*

Eine Ahnin der GARTENMÖHRE (auch KAROTTE, MOHRRÜBE), die Wilde Möhre (*Daucus carota* ssp. *carota*) ist heimisch in ganz Europa und in Asien bis nach Nordwestchina; sie wurde von jeher als Heilpflanze genutzt. Alle Versuche, aus dieser Wildart eine der Gartenmöhre ähnliche Pflanze zu züchten, sind aber mißlungen. An der Entstehung der Gartenmöhre müssen also noch andere *Daucus*-Arten beteiligt gewesen sein. Man nimmt an, daß Arten des Mittelmeerraumes dabei eine Rolle gespielt haben, vor allem *Daucus carota* ssp. *maximus*, ferner rote und gelbe Möhrenarten aus Kleinasien und Mittelasien.

Vermutlich wurden schon im alten Rom Möhren kultiviert, später auch in Mitteleuropa, wobei freilich die Unterscheidung der Bezeichnungen für Möhre und Pastinake nicht immer eindeutig ist. Erst die Belege aus den Kräuterbüchern des 16. Jahrhunderts sind verläßlich. Zu dieser Zeit war die gelbe Möhre in Deutschland bekannt. Wahrscheinlich kam sie aus Italien.

Die wegen ihres Karotingehaltes orange gefärbten Möhren sind im 17. Jahrhundert in den Niederlanden aus gelben Möhren entstanden. Zu dieser Zeit gab es in ganz Europa auch gelbe und violette Möhren in Kultur.

Im 18. Jahrhundert gab es in Holland vier orangefarbene Varietäten, die lange Brunswicker und drei Größen der kleineren, intensiver gefärbten Hornmöhren. Erst im 19. Jahrhundert wurde die Möhre zu einem wichtigen Wurzelgemüse, das intensiv weitergezüchtet wurde.

SELLERIE
Apium graveolens

Die Wildform des SELLERIE (*Apium graveolens* var. *graveolens*) ist eine salzliebende Pflanze und kommt an den Küsten des Mittelmeers und des

Atlantik vor. Sie ist schon sehr zeitig genutzt worden und war sowohl im alten Ägypten als auch bei den Griechen und Römern eine heilige Pflanze. Um die Zeitwende wurde sie bei den Römern kultiviert und kam im frühen Mittelalter aus Italien nach Deutschland.

In der Kultur entstanden unterschiedliche Formen: Vom SCHNITTSELLERIE (*A. graveolens* var. *secalinum*) werden nur die Blätter als Würze benutzt. Der BLEICHSELLERIE (*A. graveolens* var. *dulce*) hat besonders lange und kräftig entwickelte Blattstiele, die zusammengebunden und auf diese Weise gebleicht werden; sie können roh oder gekocht verwendet werden. Der KNOLLENSELLERIE (*A. graveolens* var. *rapaceum*) bildet eine fleischige Rübe, die meist gekocht und dann als Gemüse oder Salat zubereitet wird.

PETERSILIE
Petroselinum crispum
Die PETERSILIE ist mediterranen Ursprungs. Im antiken Griechenland war sie hochgeschätzt als Heilkraut, teilweise auch als heiliges Kraut. Sie ist wohl über die Römer nach Deutschland gekommen, war jedenfalls im Mittelalter schon bekannt. Seit etwa 1500 ist ihr Gebrauch als Heil- und Küchenkraut belegt, auch wurden ihr aphrodisische Wirkungen zugeschrieben. Zu dieser Zeit waren die unterschiedlichen Formen bereits entstanden, die wir heute kennen: *Petroselinum crispum* ssp. *crispum* ist die BLATTPETERSILIE mit glatten oder krausen Blättern, deren Wurzel dünn und nicht eßbar ist. *P. crispum* ssp. *tuberosum* ist die WURZELPETERSILIE mit fleischig verdickter, eßbarer Wurzel. Von beiden Petersiliearten gibt es zahlreiche Züchtungen.

XXXV

XII

FENCHEL
Foeniculum vulgare
Ursprünglich ist der FENCHEL im Mittelmeergebiet und in Vorderasien heimisch, ist aber seit langem in weiten Teilen Europas eingebürgert und wird auch in Indien und Ostasien kultiviert. Alle Teile der Pflanze sind genießbar: Blätter und Samen als Gewürz, die jungen Stengel als Beigabe zum Salat und die Wurzel gekocht als Gemüse.

Im alten Rom war der Fenchel außerordentlich beliebt. Es ist anzunehmen, daß der KNOLLENFENCHEL, der sich durch verdickte und gestauchte Blattscheiden auszeichnet, im 17. Jahrhundert in Italien entstanden ist. Botanisch handelt es sich beim Knollenfenchel (auch GEMÜSEFENCHEL) um *Foeniculum vulgare* var. *azoricum*, im Unterschied zum GARTENFENCHEL (auch GEWÜRZFENCHEL),

F. vulgare var. *dulce*, der nur seiner Früchte wegen gezogen wird.

KERBELRÜBE
Chaerophyllum bulbosum
Die KERBELRÜBE (auch KNOLLENKERBEL, RÜBENKERBEL) ist, wiewohl sie ein sehr schmackhaftes Wurzelgemüse liefert, fast außer Gebrauch gekommen – wahrscheinlich deshalb, weil ihr Anbau im Vergleich zur aufzuwendenden Mühe nicht sehr ertragreich ist. Wo man die Kerbelrübe auf Märkten noch findet, ist sie außerordentlich teuer.

XII

Wild kommt die Kerbelrübe in ganz Nord- und Mitteleuropa bis nach Sibirien und Kleinasien vor. In Kräuterbüchern des 16. Jahrhunderts wird sie zwar genannt, scheint aber damals nicht kultiviert worden zu sein. Erste Belege für einen Anbau gibt es erst von der Mitte des 19. Jahrhunderts an. In deutschen Gartenbüchern kommt die Kerbelrübe noch um 1930 vor, inzwischen ist sie kaum mehr bekannt.

KERBEL
Anthriscus cerefolium ssp. *cerefolium*
Zu den wenigen Würzkräutern, die im „Album Benary" vorgestellt werden, gehören Kerbel, Basilikum und Salbei. Der GARTENKERBEL stammt aus Südosteuropa. Im alten Griechenland scheint er nicht verwendet worden zu sein. Der Römer Plinius hingegen erwähnt ihn als Küchenkraut, bei Hildegard von Bingen wird er als Heilkraut genannt. Man vermutet, daß er im Laufe des Mittelalters nach Deutschland gekommen ist. In Mitteleuropa und in England ist er wohl seit dem 17. Jahrhundert allgemein in Gartenkultur.

XXXII

BASILIKUM
Ocimum basilicum
Die Heimat des BASILIKUMS ist nicht genau bekannt, wird aber in Indien vermutet, wo sich das Kraut besonderer Schätzung erfreut. Im klassischen Altertum scheint es eher als Zauber- und Heilkraut denn als Gewürz bekannt gewesen zu sein. Auch die Kräuterbücher des 16. Jahrhunderts rühmen seine Heilkraft und sprechen nicht von einer Verwendung in der Küche; diese ist also wohl erst später aufgekommen.

XXXII

SALBEI
Salvia officinalis
Der GARTENSALBEI ist in der Mittelmeerregion heimisch. Er war schon im Altertum ein besonders

XXXII

geschätztes Heilkraut, das durch die Mönchsmedizin im Mittelalter nach Deutschland kam. Seine Verwendung in der Küche bleibt in den Kräuterbüchern unerwähnt, was aber nicht ausschließt, daß er auch in dieser Weise schon früh genutzt wurde. Die älteste schriftliche Überlieferung ist ein am Tegernsee bereits um 1500 niedergeschriebenes Rezept für Salbeiküchlein.

TOMATE
Lycopersicon esculentum

Im nördlichen Teil Südamerikas sind mehrere Tomatenarten heimisch (*Lycopersicon cerasiforme, L. pimpinellifolia* u. a.), und es ist nicht sicher festzustellen, welche davon als Wildformen der Kulturtomate in Betracht kommen. Gewiß ist, daß die Kultivierung und Züchtung bereits vor der spanischen Eroberung erfolgte, sowohl in Mexiko als auch in anderen Ländern Mittel- und Südamerikas.

XXIV, XXXIV Bald darauf kam die TOMATE nach Europa. In Kräuterbüchern des 16. Jahrhunderts ist sie beschrieben und abgebildet. Die Europäer hegten zunächst Mißtrauen gegen die „Goldäpfel" oder „Liebesäpfel", hielten sie für giftig, andererseits jedoch für Aphrodisiaka. Immerhin berichtet Camerarius schon 1586 in seinem Kräuterbuch davon, daß die Italiener die Tomaten mit Pfeffer, Öl und Essig kochen, doch sei dies „ein ungesunde speiß", wenig nahrhaft.

Die Vorurteile hielten sich lange. Noch 1866 stellt F. Alefeld in seiner „Landwirtschaftlichen Flora" fest, daß die Tomate lediglich in Süddeutschland als „Zukost- und Suppenpflanze" gezogen werde, im Norden hingegen nur als Zierpflanze.

Wirklich beliebt und allgemein verbreitet wurde die Tomate (in Österreich „Paradeiser" genannt) bei uns etwa ab 1930, um so mehr, je intensiver sich die Züchter bemühten, immer neue Sorten auf den Markt zu bringen, die in Größe, Form, Farbe und Geschmack überaus unterschiedlich sind.

AUBERGINE
Solanum melongena

Die Heimat der AUBERGINE (auch EIERFRUCHT) ist das tropische Hinterindien. Dort ist die Pflanze, deren Urform sehr bitter schmeckt, schon früh angebaut worden. Um 500 v. Chr. ist sie aus China als Kulturpflanze belegt. Von den Arabern wurde die Aubergine im 12. Jahrhundert nach Europa gebracht. Seit 1550 wurde sie in Italien angebaut. Auch die Kräuterbücher aus dem 16. Jahrhundert erwähnen die Aubergine. Von Anfang an gab es viele Sorten von sehr unterschiedlicher Form und Färbung, die bis heute beständig weitergezüchtet worden sind.

PAPRIKA und SPANISCHER PFEFFER
Capsicum spp.

Der SPANISCHE PFEFFER (*Capsicum annuum*) ist *XVII* schon in vorkolumbianischer Zeit in Mexiko angebaut worden. Von dort hat sich seine Kultur sehr schnell verbreitet. Leonhart Fuchs schreibt 1543 in seinem Kräuterbuch vom „Indianischen Pfeffer", und der Botaniker Clusius hat 1583 große Pfefferpflanzungen in Böhmen gesehen. (Die *Capsicum*-Arten sind wohl zu unterscheiden von den tropischen Arten der Gattung *Piper*, zu denen z. B. der SCHWARZE PFEFFER, *Piper nigrum*, gehört.)

Der Spanische Pfeffer ist eine variationsfreudige Pflanze. Ihre Früchte wandeln in Größe und Farbe stark ab. Eine dieser Varianten ist der GEMÜSEPAPRIKA (*Capsicum annuum* var. *grossum*), mit grünen, gelben oder roten Früchten und mildem Geschmack, von dem immer neue Sorten gezüchtet worden sind – und immer noch gezüchtet werden.

Andere Varietäten von *Capsicum annuum* liefern den GEWÜRZPAPRIKA, dessen Früchte kleiner und schlanker sind als die des Gemüsepaprikas. Vor allem in Ungarn sind diese Formen von jeher kultiviert worden. Die Schärfe des daraus gewonnenen Paprikapulvers richtet sich nicht nur nach der Sorte, sondern auch nach dem jeweiligen Anteil von Samen und Scheidewänden, die mit vermahlen werden.

Eine mit *Capsicum annuum* eng verwandte Art, *C. frutescens*, ebenfalls in Süd- und Mittelamerika heimisch, aber in unserem gemäßigten Klima nicht lebensfähig, liefert den CAYENNEPFEFFER oder die CHILLIES, kleine Früchte, die sehr viel schärfer sind als der Gewürzpaprika.

FELDSALAT
Valerianella locusta

Als RAPUNZELSALAT ist der FELDSALAT im Volks- *XXXV* mund bekannt, auch als NÜSSLISALAT (wohl wegen seines nußartigen Geschmacks) und als MAUSOHRSALAT. Im „Album Benary" heißt er Rabinschen. Er ist eine Wildpflanze des Mittelmeerbereichs und hat sich, wohl zum Teil durch die Kultivierung, weit nach Norden verbreitet. Wie einige verwandte Arten ist er schon früh als Nahrungspflanze gesammelt worden; an jungsteinzeitlichen Wohnstätten hat man eindeutige Reste gefunden. Belege für die Gartenkultur gibt es aber erst vom Beginn des 19. Jahrhunderts. Durch Kreuzung und Auslese sind zahlreiche Sorten entstanden.

Melone
Cucumis melo

Die Heimat der MELONE ist das tropische Afrika. Über Indien gelangte sie im Altertum ins Mittelmeergebiet. In Griechenland ist sie schon im 12. Jahrhundert v. Chr. angebaut worden. Bei römerzeitlichen Funden aus Deutschland handelt es sich wohl um aus Italien mitgebrachte Früchte. Die Geschichte der Melone zurückzuverfolgen ist deshalb so schwierig, weil bis zum Ende des Mittelalters die Bezeichnungen für Melone, Gurke und Flaschenkürbis nicht eindeutig zuzuordnen sind, eine Verwirrung, die anschließend noch durch das Hinzutreten der Kürbisse aus Amerika zunahm.

XIX Von der Melone sind zahllose Sorten gezüchtet worden. Wir unterscheiden vor allem die ZUCKERMELONE (*Cucumis melo*) mit glatter Haut, die NETZMELONE (*C. melo* var. *reticulata*) mit erhabenen Korkleisten und die KANTALUPE (*C. melo* var. *cantalupa*) mit einer warzigen Oberfläche. Die letztere stammt aus Armenien und wurde im 15. Jahrhundert durch Missionare nach Italien gebracht.

Die WASSERMELONE stammt aus Afrika und gelangte schon früh ins Mittelmeergebiet. Sie gehört einer anderen Gattung an als die Melone. Man unterscheidet die eigentliche Wassermelone (*Citrullus lanatus* var. *vulgaris*) und die sehr ähnliche KOLOQUINTE (*C. colocynthis*).

Kürbis
Cucurbita spp.

Alle unsere Kürbisarten und -sorten stammen von Wildpflanzen ab, die in Mittel- und Südamerika beheimatet sind und dort schon sehr früh in Kultur genommen wurden. Durch Auslese konnte man die ursprüngliche Bitterkeit der Früchte vermindern oder gar wegzüchten.

Der KÜRBIS ist die älteste Nahrungspflanze Amerikas. Seine Nutzung ist schon für die Zeit bis 10000 v. Chr. zurückzuverfolgen. Ohne Zweifel kam er gleich nach der Entdeckung Amerikas nach Europa, doch ist es auch bei ihm – wie bei der Melone – wegen der nicht eindeutigen Bezeichnungen schwierig, die Geschichte der Verbreitung aufzuhellen. Die ersten zweifelsfreien Abbildungen eines Kürbis stammen aus dem Anfang des 17. Jahrhunderts.

Aus allen Kürbisarten sind zahllose Sorten gezüchtet worden, die meisten wohl aus der Art *Cucurbita maxima*, dem RIESENKÜRBIS, zu dem auch die ZIERKÜRBIS-Sorten gehören. XV

Cucurbita pepo ist der GARTENKÜRBIS, dem man auch die var. *giromontiina*, die ZUCCHINI, zurechnet. Zur Gattung gehören ferner noch der MOSCHUSKÜRBIS (*C. moschata*) und der PANGOLO (*C. mixta*), die leicht miteinander bastardieren, für die Kultur aber weniger bedeutend sind.

Gurke
Cucumis sativus

Die GURKE hat ihren Ursprung in Indien. In warmen Himalajatälern wächst die Wildform *Cucumis hardwickii*, die schon um 1000 v. Chr. in Kultur war. Mit der Zeit entstanden viele sehr unterschiedliche Formen. Von Indien aus gelangte die Gurke einerseits nach China und Japan, andererseits nach Vorderasien und dem Vorderen Orient, von dort nach Griechenland und auf den Balkan. Eine eindeutige Abbildung der Gurke in Deutschland datiert erst von 1586 im Kräuterbuch von Camerarius. Doch sind aus dem Mittelalter viele Samenfunde aus Ostdeutschland und Osteuropa bekannt. VI, XXX

Auch bei der Gurke gibt es das Problem der richtigen Zuordnung der Benennungen, so daß in bezug auf die Römer und auf das Mittelalter Unsicherheiten bleiben. Daß die länglichen Früchte, die im alten Ägypten ab 4000 v. Chr. angebaut wurden und noch heute kultiviert werden, nicht, wie man vermutet hatte, Gurken sind, haben neuere Forschungen ergeben. Es handelt sich vielmehr um CHATEMELONEN (*Cucumis melo* var. *chate*), deren Heimat Afrika ist.

Rapunzelwurzel
Campanula rapunculus

Die RAPUNZELGLOCKENBLUME ist schon in den Kräuterbüchern des 16. Jahrhunderts oft mit dem Feldsalat verwechselt worden, der ja auch Rapunzelsalat genannt wird. Tatsächlich sind die Blätter der Rapunzelglockenblume denen des Feldsalats nicht unähnlich und auch eßbar, doch hat man diese Pflanze vor allem wegen der Wurzel angebaut; sie schmeckt nußartig und kann fein geschnitten unter Salate gemischt werden. XII

Die Rapunzelglockenblume ist eine in Mitteleuropa einheimische, heute allerdings nicht mehr häufig anzutreffende Pflanze. Auch in Gärten ist sie nur selten gezogen worden, zuletzt am Anfang des 20. Jahrhunderts im Elsaß und in der Schweiz.

SALAT
Lactuca sativa

Der SALAT ist nur als Kulturpflanze bekannt. Doch gibt es zwei eng verwandte Wildarten, aus denen er hervorgegangen sein könnte: *Lactuca virosa*, den Giftlattich (der nicht ernstlich giftig ist und in der Antike als wichtiges Heilmittel geschätzt wurde), und *L. serriola*, den Wilden Lattich (auch Kompaßpflanze). Beide Arten kommen in Süd-, West- und Mitteleuropa sowie in Nordafrika und Kleinasien vor, und beide führen, wie der Kultursalat, einen Milchsaft, dessen Bitterkeit durch die Weiterzüchtung gemildert, aber nicht ganz beseitigt wurde. In früheren Zeiten mußte der Salat oft noch gebleicht werden, damit er nicht zu bitter schmecke.

Die ältesten Zeugnisse vom Salat haben wir aus dem alten Ägypten, wo man um 2600 v. Chr. einen Salat mit langen schmalen Blättern kultivierte. Er gelangte von dort nach Griechenland und dann zu den Römern, die um 100 v. Chr. schon mehrere Sorten kannten, allerdings noch keinen Kopfsalat.

Die ersten Abbildungen von kopfbildenden Salatsorten finden wir in den Kräuterbüchern des 16. Jahrhunderts, doch blieb die Salatkultur lange Zeit vorwiegend eine Sache der Klostergärten. Weite Verbreitung fand der Salat erst im Laufe des 19. Jahrhunderts.

Man unterscheidet heute vier große Formengruppen:

RÖMISCHER SALAT (auch ROMANA, BINDESALAT), *Lactuca sativa* var. *longifolia*, bildet mehr oder weniger hohe, jedenfalls lockere Rosetten, die roh oder gekocht gegessen und zum Bleichen zusammengebunden werden können. Auch der Sproß ist eßbar und läuft unter dem Namen „Kasseler Strünkchen". Die Bezeichnung „Sommerendivie" ist irreführend, weil die Endivie botanisch eine ganz andere Pflanze ist.

Der SCHNITTSALAT (auch PFLÜCKSALAT), *L. sativa* var. *crispa* (= var. *secalina*), bildet ebenfalls keine Köpfe, sondern mehr oder weniger lockere Rosetten von unterschiedlichem Aussehen. Es gibt grünen, braunen und roten, glatten und krausen Schnittsalat.

Der KOPFSALAT (*L. sativa* var. *capitata*) zeigt eine unübersehbare Fülle von Formen und ist besonders beliebt, obwohl er den Nachteil einer begrenzten Erntezeit hat, während die anderen Salate fortlaufend geerntet werden können. Eine Sonderform des Kopfsalats ist der EISSALAT mit festen, knackigen Blättern, der in der Gegend um Neapel gezüchtet worden ist. *V, IX, XXVI*

Der SPARGELSALAT (*L. sativa* var. *angustana*) ist erst spät, wohl durch französische Missionare, aus China nach Europa gekommen. 1885 erscheint er zum ersten Mal im Samenkatalog der französischen Firma Vilmorin. Vom Spargelsalat kann man sowohl die Blätter als auch die Sproßachsen essen. In China selbst wird er in vielen unterschiedlichen Sorten angebaut.

ZICHORIE, CHICORÉE, ENDIVIE
Cichorium spp.

Die Gattung *Cichorium* liefert uns mit zwei Arten einige sehr unterschiedliche Salat- und Gemüsepflanzen.

In fast ganz Europa, ferner in Rußland, Vorderasien und Nordafrika, kommt die Wilde Zichorie oder Wegwarte (*Cichorium intybus* var. *intybus*) vor. Als Heilpflanze ist sie von alters her sehr geschätzt gewesen, doch hat man sie im Mittelmeerraum schon früh als Salatpflanze weitergezüchtet. Es entstanden der RADICCHIO (*C. intybus* var. *foliosum*) mit kleinen, festen Köpfen und die SALATZICHORIE, die sich nur durch ihre glatten und nicht eingebogenen Blätter davon unterscheidet.

Um 1830 entdeckte ein belgischer Gärtner durch Zufall, daß Zichorienwurzeln im Dunklen einen gebleichten, folglich weniger bitteren Blattschopf treiben, der unter dem Namen „BRÜSSELER WITLOOF" (fläm. = Weißlaub) oder CHICORÉE zur bedeutendsten Kulturform der Zichorie geworden ist.

Im 18. und 19. Jahrhundert war der Anbau der WURZELZICHORIE (*C. intybus* var. *sativum*) die wirtschaftlich wichtigste Form der Zichorienkultur. Diese Variante wurde auf besonders große Wurzeln hin gezüchtet, weil diese die Grundlage für den Zichorienkaffee darstellten; mit diesem durch Rösten und Mahlen der zerschnittenen Wurzel hergestellten „Kaffeepulver" ließen sich Farbe und Bitterkeit des Bohnenkaffees verstärken, und es wurde auch selbst als Kaffee-Ersatz verwendet. Friedrich der Große förderte den Anbau, der noch bis ins 20. Jahrhundert hinein von einigem Umfang war. *XII*

XXXIII Die andere *Cichorium*-Art, die als Salatpflanze wichtig wurde, ist *C. endivia*. Ihr Ursprung liegt wohl in der Wildart *C. pumilum*, die im Mittelmeergebiet verbreitet war. Durch Zucht sind drei Formen entstanden:

Die KRAUSE WINTERENDIVIE (*C. endivia* var. *crispum*) hat eng beieinanderstehende geschlitzte Blätter. Die SCHNITTENDIVIE (var. *endivia*) hat locker angeordnete Blätter, die fortlaufend geschnitten werden können. Die BREITBLÄTTRIGE ENDIVIE (var. *latifolium*), auch ESCARIOL, hat glatte, ganzrandige Blattspreiten, die sich zu einem lockeren Kopf zusammenneigen.

Die Kulturformen der Endivie kamen wohl gegen Ende des Mittelalters, vermutlich auf dem Umweg über Burgund, nach Deutschland, werden bei uns aber erst seit der Mitte des 19. Jahrhunderts in größerem Umfang kultiviert.

SCHWARZWURZEL
Scorzonera hispanica

XII Die SCHWARZWURZEL, im Benary-Album Scorzonerwurzel genannt, stammt aus Südosteuropa und wurde schon um die Mitte des 16. Jahrhunderts in Spanien kultiviert und weitergezüchtet, bald darauf auch in Italien. In England war sie seit 1560 bekannt, doch ist nicht sicher, wann man sie dort als Gemüsepflanze zu nutzen begann. In Frankreich und der Schweiz wurde sie im 17. Jahrhundert zuerst angebaut und gelangte dann bald auch nach Deutschland. Züchterisch ist die Art kaum bearbeitet worden, was auch für die Haferwurzel gilt.

HAFERWURZEL
Tragopogon porrifolius ssp. *sativus*

XII Die HAFERWURZEL ist eng mit der Schwarzwurzel verwandt und wie diese in Südosteuropa heimisch. Sie hat eine helle Rinde (im Gegensatz zur dunklen der Schwarzwurzel) und hübsche violette Blüten, derentwegen sie auch als Gartenpflanze gezogen worden ist. Schon im Altertum ist sie kultiviert worden und war wegen ihres angenehmen Geschmacks beliebt. Vom Ende des 17. Jahrhunderts an wurde sie in England zu einem geschätzten Wurzelgemüse. In Deutschland erwähnen die Kräuterbücher des 16. Jahrhunderts den eng verwandten heimischen Wiesenbocksbart (*Tragopogon pratensis*) und loben die schmackhafte Wurzel. Im 19. Jahrhundert wurde die Haferwurzel als Wurzelgemüse und zur Gewinnung eines Kaffeesurrogats (wie die Zichorie) in manchen Gegenden angebaut, wich aber bald der Schwarzwurzel.

ARTISCHOCKE und CARDY
Cynara spp.
Die ARTISCHOCKE (*Cynara scolymus*) ist nur als Kulturpflanze bekannt. Möglicherweise ist sie aus der heute noch im Mittelmeerraum wildwachsenden CARDY (*C. cardunculus*), auch KARDONE, hervorgegangen. Beide sind distelähnliche Pflanzen mit großen, tief eingeschnittenen Blättern.

Bei der Cardy sind die Blattstiele breit und fleischig. Sie werden wie Spargel als Gemüse zubereitet, nachdem man sie zuvor für einige Zeit zum Bleichen hochgebunden hat. Die Cardy war schon bei den Griechen und Römern sehr geschätzt. Plinius schreibt, sie sei das teuerste Gemüse überhaupt. In Kräuterbüchern des 16. Jahrhunderts wird bereits von mehreren Sorten in der Gartenkultur berichtet. Seither ist sie, vor allem in England und Frankreich, bis heute kultiviert worden, obwohl ihr Anbau mühevoll und nicht sehr ertragreich ist.

Die Geschichte der Artischocke ist schwer aufzuhellen, weil die schriftliche Überlieferung aus dem Altertum keine verläßliche Unterscheidung zwischen Cardy und Artischocke zuläßt. Sicher ist aber, daß die Artischocke im 15. Jahrhundert in Italien gut bekannt war und hundert Jahre später bereits in England kultiviert wurde. Von ihr werden die Blütenstände vor dem Aufblühen verwendet, und zwar sowohl der fleischige Blütenboden als auch die Hüllblätter, die an ihrem unteren Ende fleischig sind. Von der Artischocke sind zahlreiche Sorten gezüchtet worden.

ZWIEBEL und SCHALOTTE
Allium spp.
Eine der allerältesten Gemüsepflanzen ist die SPEISEZWIEBEL (*Allium cepa* var. *cepa*). Sie ist nur als Kulturpflanze bekannt; über ihre wildwachsenden Vorfahren gibt es lediglich Vermutungen. Alles weist aber darauf hin, daß sie aus dem großen Reservoir der mittelasiatischen *Allium*-Arten entstanden ist und von dortigen Steppenvölkern schon in prähistorischer Zeit genutzt wurde.   XVI, XXII, XXIX

Von Mittelasien aus gelangte die Speisezwiebel in den Orient, nach Ägypten und in die Mittelmeerländer. Aus Ägypten gibt es bildliche Darstellungen ab etwa 2200 v. Chr. und Gräberfunde ab etwa 1550 v. Chr. Im antiken Griechenland war die Speisezwiebel bekannt und geschätzt, ebenso im alten Rom, wo freilich später, bei verfeinerter Kultur, der „Zwiebelesser" zum Schimpfwort wurde.

Von den Römern wurde die Zwiebel über ganz Europa verbreitet, und wenn wir auch aus jener Zeit in Deutschland keine archäologischen Belege für die Zwiebel kennen, müssen wir doch annehmen, daß sie mit den Römern zu uns kam. In mittelalterlichen Schriften taucht sie jedenfalls als „cepa" auf und spielte offenbar nicht nur eine Rolle als Gemüse, sondern auch als Heilmittel. In diesem doppelten Sinne wird sie auch in den Kräuterbüchern des 16. Jahrhunderts aufgeführt.

Schon im alten Griechenland gab es von der Speisezwiebel mehrere Varietäten, die sich in Gestalt, Farbe und Geschmack voneinander unterschieden. Seither sind, vor allem im 19. und 20. Jahrhundert, immer wieder neue Formen gezüchtet worden.

Eng mit der Speisezwiebel verwandt (und neuerdings von den Botanikern nicht mehr als von ihr getrennte Art anerkannt) ist die kleinere und pikantere SCHALOTTE (*Allium ascalonicum*). Sie hat ihren Namen davon, daß man annimmt, die Kreuzfahrer hätten sie aus Ascalon in Palästina nach Europa mitgebracht. Sie könnte aber auch auf dem gleichen Weg wie die Speisezwiebel über Griechenland und Rom zu uns gekommen sein. Jedenfalls war sie gegen Ende des Mittelalters in ganz Europa verbreitet.

SCHNITTLAUCH
Allium schoenoprasum
Da die zahlreichen Arten der Gattung *Allium* ohne Ausnahme eßbar sind, darf vermutet werden, daß viele davon in ihrer mittel- und vorderasiatischen Heimat als Nahrungsmittel verwendet worden sind. Dies ist auch der Fall beim SCHNITTLAUCH, der wohl als eine in ganz Europa bis in den hohen Norden und darüber hinaus bis Ostasien heimische Art immer schon gesammelt wurde. Von seiner Kultivierung wissen wir zuverlässig aus den Kräuterbüchern des 16. Jahrhunderts.

WINTERHECKZWIEBEL
Allium fistulosum
Die WINTERHECKZWIEBEL hat nur eine kleine Zwiebel, doch sind ihre dicken Hohlblätter (Schlotten) das ganze Jahr über verwendbar. Eine Wildform dieser Zwiebelart ist nicht bekannt; sie wurde schon zu vorgeschichtlicher Zeit in China kultiviert und kam wahrscheinlich im 17. Jahrhundert über Rußland nach Europa.

PORREE
Allium porrum
Als Stammpflanze des PORREES gilt das heute noch im Mittelmeergebiet wild vorkommende *A. ampeloprasum*. Der Porree ist schon um 1500 v. Chr. in Ägypten belegt und wahrscheinlich im Laufe des Mittelalters über Italien nach Mitteleuropa gelangt. Die Kräuterbücher zeigen, daß er im 16. Jahrhundert allenthalben bekannt und sehr geschätzt war.

KNOBLAUCH
Allium sativum
Vom KNOBLAUCH kennt man keine Wildform. Auch er gehört zu den Zwiebelarten, die in Ägypten mindestens seit 2000 v. Chr. angebaut wurden; vermutlich war er aus Südwestasien nach Ägypten gelangt. Nach China soll er um 100 v. Chr. gekommen sein. Wahrscheinlich ist das in Mittelasien heimische *A. longicuspis* eine wilde Ahnform des Knoblauchs.

SPARGEL
Asparagus officinalis
Der SPARGEL ist eine in ganz Europa, östlich bis Sibirien und ferner in Vorderasien und Nordafrika heimische Wildpflanze, die durch Züchtung nur geringfügig verändert worden ist. Er ist eine sehr alte Nahrungspflanze, die in früheren Zeiten nicht kultiviert, sondern in ihren Wildbeständen geerntet wurde, so wie wir heute den „Grünspargel" ungebleicht ernten. Wahrscheinlich kannte man den Spargel bereits im antiken Griechenland, auf jeden Fall aber war er bei den Römern sehr beliebt. Von Cato (um 200 v. Chr.) ist eine Anleitung zur Kultur gebleichten Spargels überliefert, die sich nicht wesentlich von den heutigen Verfahrensweisen unterscheidet.

BENUTZTE LITERATUR
Franke, Wolfgang: Nutzpflanzenkunde. Stuttgart 1985
Garcke, August: Illustrierte Flora von Deutschland. Berlin 1972
Hedrick, U. P. (Ed.): Sturtevant's Edible Plants of the World. New York 1919 (Reprint 1972)
Körber-Grohne, Udelgard: Nutzpflanzen in Deutschland. Stuttgart 1987
ZANDER Handwörterbuch der Pflanzennamen. Stuttgart 1994

REGISTER

Römische Zahlen verweisen auf Tafelabbildungen, arabische Zahlen auf Erwähnungen im Textteil.
Grundsätzlich wurde – im Unterschied zum Inhaltsverzeichnis – die heute übliche Schreibweise verwendet.

Allium spp. . . . . 18 f.
Anthriscus cerefolium 14
Apium graveolens . . . . 13 f.
Armoracia rusticana 11
Artischocke 18
Asparagus officinalis 19
Atriplex hortensis . . . . 9 f.
Aubergine 15

Basilikum . . . . 14, XXXII
Beta vulgaris 9
Blumenkohl 10
Bohne, Dicke 12
Bohne, Grüne . . . . 12, VII, XI
Brassica spp. . . . . 10 f.
Brokkoli 10

Campanula rapunculus . . . . 16 f.
Capsicum spp. 15
Cardy 18
Cayennepfeffer 15
Chaerophyllum bulbosum 14
Chatemelone 16
Chenopodium bonus-henricus 9
Chicorée 17
Chillies 15
Chinakohl 11
Cichorium spp. . . . . 17 f.
Citrullus spp. 16
Cucumis spp. 16
Cucurbita spp. 16
Cynara spp. 18

Daucus carota 13
Dicke Bohne 12

Eissalat 17
Endivie . . . . 17 f., XXXIII
Erbse . . . . 11 f., XXIII, XXVII
Eruca sativa 11
Escariol . . . . 18, XXXIII

Feldsalat . . . . 15 f., XXXV
Fenchel 14
Feuerbohne 12
Foeniculum vulgare 14

Gartenmelde . . . . 9 f.
Grünkohl . . . . 10, III
Gurke . . . . 16, VI, XXX
Guter Heinrich 9

Haferwurzel . . . . 18, XII
Herbstrübe . . . . 10 f.

Karotte . . . . s. Möhre
Kerbel . . . . 14, XXXII
Kerbelrübe . . . . 14, XII
Knoblauch 19
Kohl . . . . 10, I, II, III, XXI, XXV, XXXI
Kohlrabi . . . . 10, XVIII
Kohlrübe . . . . 10 f.
Koloquinte 16
Kopfsalat . . . . 17, V, IX, XXVI
Kürbis . . . . 16, XV

Lactuca sativa 17
Lens culinaris 12
Linse 12
Lycopersicon esculentum 15

Mairübe 11
Mangold . . . . 9, XXVIII
Markstammkohl 10
Meerrettich 11
Melde . . . . s. Gartenmelde
Melone . . . . 16, XIX
Möhre . . . . 13, IV

Ocimum basilicum 14

Pak-Choi 11
Paprika 15
Pastinaca sativa ssp. *sativa* 13
Pastinake . . . . 13, XII
Petersilie . . . . 14, XII, XXXV
Petroselinum crispum 14
Pflücksalat 17
Phaseolus spp. 12
Pisum sativum . . . . 11 f.
Porree 19
Portulaca oleracea ssp. *sativa* 9
Portulak . . . . 9, XXXII
Puffbohne 12

Radicchio 17
Radieschen . . . . 11, XX
Raphanus sativus 11
Raps . . . . 10 f.
Rapunzelwurzel . . . . 16 f., XII
Rauke 11
Rettich . . . . 11, VIII, XXXVI
Riesenkürbis 16

Rosenkohl . . . . 10, III
Rote Bete . . . . 9, X, XXVIII
Rotkohl . . . . 10, I, XXV
Rübe . . . . 9, X, XIII, XIV
Rübstiel 11
Runkelrübe . . . . 9, XIII, XIV

Salat . . . . 17, V, IX, XXVI
Salbei . . . . 14 f., XXXII
Salvia officinalis . . . . 14 f.
Saubohne 12
Schalotte . . . . 18 f.
Schnittlauch 19
Schwarzwurzel . . . . 18, XII
Scorzonera hispanica 18
Sellerie . . . . 13 f.
Sium sisarum 13
Solanum melongena 15
Spanischer Pfeffer . . . . 15, XVII
Spargel 19
Spargelsalat 17
Spinacia oleracea 9
Spinat 9
Spitzkohl . . . . 10, XXV
Steckrübe 11

Teltower Rübe 11
Tomate . . . . 15, XXIV, XXXIV
Tragopogon porrifolius ssp. *sativus* 18

Valerianella locusta . . . . 15 f.
Vicia faba 12

Wassermelone 16
Weißkohl . . . . 10, I, XXV
Weißrübe 11
Winterheckzwiebel 19
Wirsing . . . . 10, II, XXXI

Zichorie . . . . 17, XII
Zierkohl XXI
Zierkürbis . . . . 16, XV
Zucchini 16
Zuckerrübe . . . . 9, XIII
Zuckerwurzel 13
Zwiebel . . . . 18 f., XVI, XXII, XXIX

Album Benary

Tafeln I–XXXVI mit Sortenbezeichnungen
in Deutsch, Englisch, Französisch und Russisch

ALBUM BENARY.

Tab. I.   1876.

Kraute oder Kopfkohle.

$\frac{1}{7}$ natürliche Grösse.

1. Holländisches, grosses blutrothes.
2. Erfurter, blutrothes festes frühestes Salat-.
3. Schweinfurter, frühes sehr grosses.
4. Erfurter, weisses kleines festes frühes.
5. Winnigstädter, weisses spitzes.
6. Braunschweiger, grösstes glattes weisses.

Cabbages.

$\frac{1}{7}$ natural Size.

1. Large Blood Red Dutch.
2. Earliest Solid Blood Red Erfurt.
3. Very Large Early Schweinfurt.
4. Small Early Solid White Erfurt.
5. White (Sugar-loaf) Winnigstadt.
6. Largest White Brunswick.

Choux pommés ou Cabus.

$\frac{1}{7}$ grandeur naturelle.

1. Rouge gros de Hollande.
2. Rouge foncé hâtif d'Erfurt.
3. De Schweinfurt.
4. Petit hâtif d'Erfurt.
5. Pointu de Winnigstadt.
6. Gros plat de Brunswick.

Капуста кочанная.

$\frac{1}{7}$ настоящей величины.

1. Голландская большая кровокрасная.
2. Эрфуртская ранная кровокрасная салатная.
3. Швейнфуртская ранная очень большая.
4. Эрфуртская малая бѣлая ранная.
5. Виннигштетская бѣлая остроголовая.
6. Брауншвейгская самая большая бѣлая плоская.

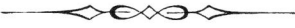

ALBUM BENARY.

Tab. II. 1876.

Wirsing (Savoyer- oder Börskohl).

$\frac{1}{6}$ natürliche Grösse.

1. Englischer grüngekrauster niedriger.
2. Ulmer, niedriger früher Kopf-.
3. Ulmer, grosser später.
4. Blumenthaler, gelber Savoyer-.
5. Drumhead, englischer grosser später.
6. Vertus, grösster grüner später.

Savoy Cabbages.

$\frac{1}{6}$ natural Size.

1. Dwarf Green Curled.
2. Early Dwarf Ulm.
3. Large Late Ulm.
4. Golden.
5. Large Late Drumhead.
6. Largest Late Vertus.

Choux de Milan ou pommés frisés.

$\frac{1}{6}$ grandeur naturelle.

1. Vert frisé nain.
2. Petit hâtif d'Ulm.
3. Gros tardif d'Ulm.
4. Doré.
5. Drumhead gros tardif.
6. Gros tardif des Vertus.

Вирзингъ (Савой).

$\frac{1}{6}$ настоящей величины.

1. Англійскій зеленый кудрявый.
2. Ульмскій низкій ранній кочанный.
3. Ульмскій большой поздній.
4. Блюментальскій желтый савойскій.
5. Друмгедъ Англійскій большой поздній.
6. Вертю самый большой поздній.

ALBUM BENARY.

Tab. III.   1876.

Blätterkohle und Rosenkohl.

$\frac{1}{8}$ natürliche Grösse.

1. Hoher grüner feingekrauster Winter-.
2. Hoher brauner feingekrauster Winter-.
3. Niedriger grüner feingekrauster Winter-.
4. Niedriger brauner feingekrauster Winter-.
5. Schnitt-, zarter gelber Butter-.
6. Brüsseler oder Rosen-, hoher.

Borecoles or Kales. Brussels Sprouts.

$\frac{1}{8}$ natural Size.

1. Tall Green Curled Winter.
2. Tall Purple Curled Winter.
3. Dwarf Green Curled Winter.
4. Dwarf Purple Curled Winter.
5. Yellow Butter.
6. Tall Brussels Sprouts.

Choux verts ou non pommés. Chou de Bruxelles.

$\frac{1}{8}$ grandeur naturelle.

1. Frisé vert grand.
2. Frisé rouge grand.
3. Frisé vert nain.
4. Frisé rouge nain.
5. Beurre jaune.
6. De Bruxelles, grand.

Листовая и Розовидная капуста.

$\frac{1}{8}$ настоящей величины.

1. Высокая зеленая тонкокудрявая зимная.
2. Высокая бурая тонкокудрявая зимная.
3. Низкая зеленая тонкокудрявая зимная.
4. Низкая тонкокудрявая зимная.
5. Капуста рѣзная, мягкая желтая масленая.
6. Капуста розовидная или Шпроссенколь (отростковая), Брюссельская.

ALBUM BENARY.

Carotten oder Möhren.
½ natürliche Grösse.

1. Orangegelbe (rothe) grünköpfige Riesen-.
2. Feine weisse durchsichtige.
3. Frankfurter dunkelrothe mittellange.
4. Halblange rothe stumpfe Treib-.
5. Grosse lange gelbe.
6. Weisse grünköpfige Riesen-.
7. Duwicker frühe feine rothe kurze Treib-.
8. Erfurter lange rothgelbe.
9. Altringham verbesserte rothe sehr lange mit grünem Kopfe.
10. Braunschweiger lange rothe.
11. Von Nantes (sans coeur), mittellange rothe stumpfe.
12. Horn'sche frühe lange rothe kurzkrautige.
13. Allerkürzeste früheste runde rothe Pariser Treib-.

Carrots.
½ natural Size.

1. Long Orange Belgian, green top.
2. Transparent White.
3. Scarlet Intermediate.
4. Semi-long Scarlet Obtuse, for forcing.
5. Long Yellow.
6. Large White Belgian, green top.
7. Earliest Red Duwick, for forcing.
8. Long Red Erfurt.
9. Improved Long Red Altringham.
10. Long Red Surrey.
11. Semi-long Scarlet Nantes, or Stump-rooted.
12. Early Long Scarlet, short-leaved.
13. Earliest Scarlet French Horn, for forcing.

Carottes.
½ grandeur naturelle.

1. Rouge longue à collet vert.
2. Blanche transparente.
3. Demi-longue pointue.
4. Rouge demi-longue obtuse.
5. Jaune longue.
6. Blanche à collet vert.
7. Rouge courte obtuse de Duwick, précoce.
8. Rouge longue d'Erfurt.
9. Rouge longue d'Altringham, améliorée.
10. Rouge longue de Brunswick.
11. Rouge demi-longue nantaise.
12. Rouge longue précoce, à feuillage court.
13. Rouge très-courte à châssis.

Коротты и Морковь.
½ настоящей величины.

1. Оранжевожелтая, зеленоголовая исполинская.
2. бѣлая прозрачная.
3. Франкфуртская темнокрасная полудлинная.
4. полудлинная красная парниковая.
5. большая длинная желтая.
6. бѣлая зеленоголовая исполинская.
7. Дувикская ранная красная короткая парниковая.
8. Эрфуртсяя длинная желтокрасная.
9. Альтрингамская улученная, красная, очень длинная зеленоголовая.
10. Брауншвейгская длинная красная.
11. Нантская полудлинная красная.
12. Горна, ранная длинная красная коротколиственная.
13. Парижская самая короткая круглая красная парниковая.

ALBUM BENARY.

Tab. V.   1876.

Kopfsalate.

⅓ natürliche Grösse.

1. Trotzkopf, grosser brauner. W. K.
2. Montrée, grosser gelber rothkantiger. W. K.
3. Perpignaner Dauerkopf. W. K.
4. Trotzkopf, grosser gelber. W. K.
5. Schwedenkopf. S. K.
6. Forellen-, blutrother. S. K.

W. K. weisskörniger Saamen; S. K. schwarzkörniger Saamen.

Lettuces — Cabbage Varieties.

⅓ natural Size.

1. Large Brown Stubborn-headed. W. S.
2. Silesian, or White Batavian. W. S.
3. Perpignan, long-standing. W. S.
4. Large Yellow Stubborn-headed. W. S.
5. Swede's Head, or Brown Genoa. B. S.
6. Large Red. B. S.

W. S. White Seed; B. S. Black Seed.

Laitues pommées.

⅓ grandeur naturelle.

1. Grosse brune têtue. gr. b.
2. Batavia blonde, frisée allemande. gr. b.
3. De Perpignan, lente à monter. gr. b.
4. Grosse jaune têtue. gr. b.
5. Palatine rousse d'été. gr. n.
6. Flagellée ou sanguine. gr. n.

gr. b. graine blanche; gr. n. graine noire.

Салатъ кочанный.

⅓ настоящей величины.

1. Троцкопф (упрямая голова) большой бурый. Б. С.
2. Монтрэ большой желтый краснокаймчатый. Б. С.
3. Перпиньянскій Дауеркопфъ (прочная головая). Б. С.
4. Троцкопф (упрямая голова) большой желтый. Б. С.
5. Шведенкопфъ (шведская голова). Ч. С.
6. Форель кровокрасный. Ч. С.

Б. С. = Бѣлое сѣмя. Ч. С. = Черное сѣмя.

Album Benary.

Tab. V,.

1/3 gr. nat.

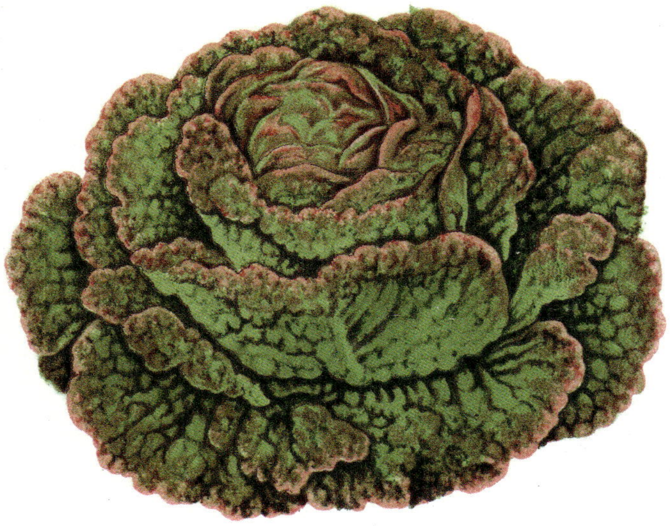

1

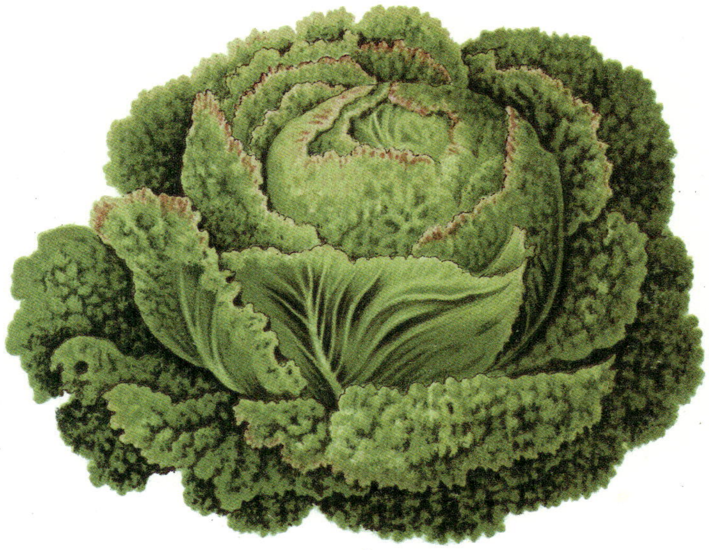

2.

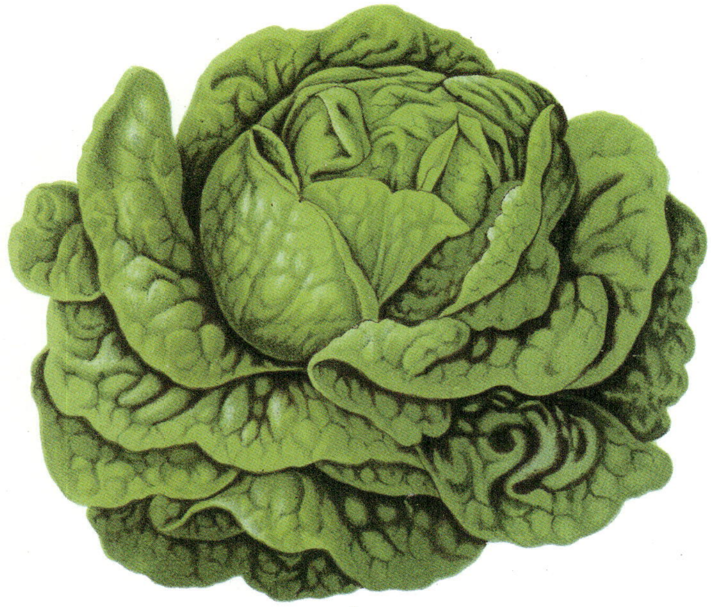

3

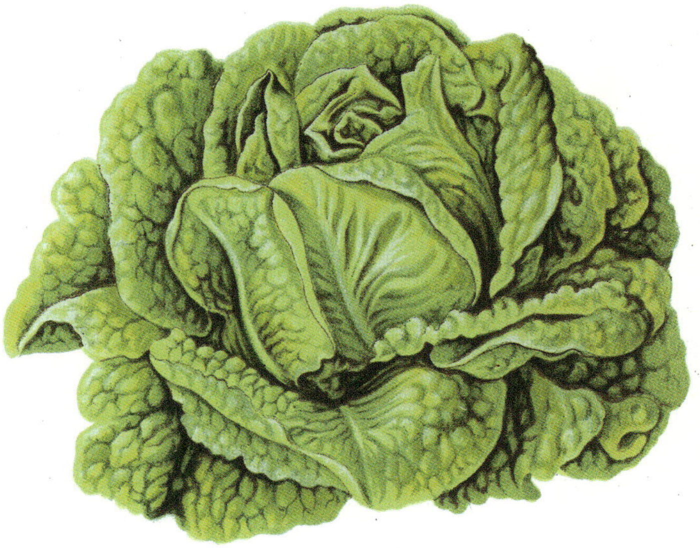

4.

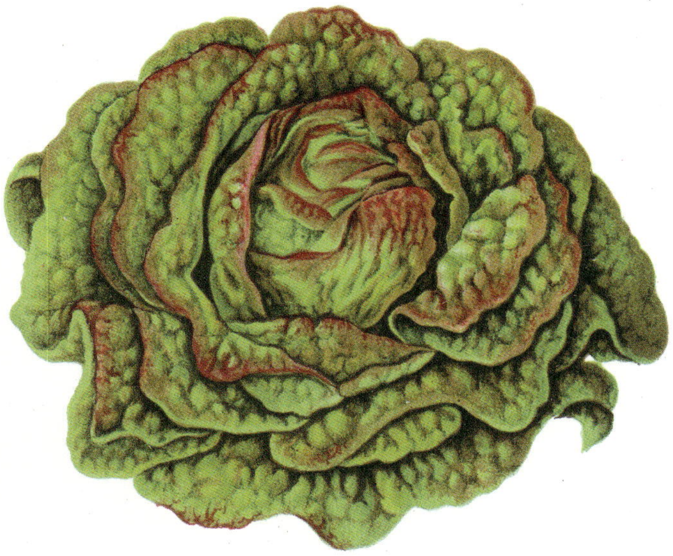

5.

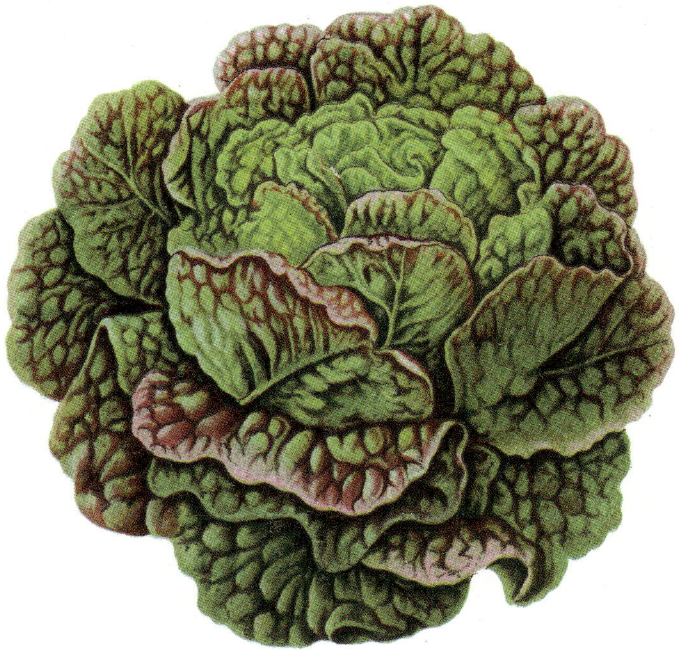

6

Ad. nat. pict. in horto Benary.

Chromolith. G. Severeyns, Bruxelles.

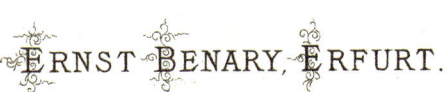

Ernst Benary, Erfurt.

ALBUM BENARY.

Tab. VI.   1876.

Gurken.

½ natürliche Grösse.

1. Kurze russische grüne.
2. Längste verbesserte grüne Schlangen-.
3. Mittellange grüne volltragende.
4. Lange griechische aus Athen.
5. Netzgurke aus Chiwa.
6. Kurze weisse Trauben-.
7. Chinesische grünbleibende Schlangen-.

Cucumbers.

½ natural Size.

1. Early Short Green Russian.
2. Longest Green Improved.
3. Middle-sized Green.
4. Athens, or Long Green Grecian.
5. Khiva Netted.
6. Short White, for pickling.
7. Long Green Chinese.

Concombres.

½ grandeur naturelle.

1. Vert court de Russie très-hâtif.
2. Vert très-long, extra.
3. Vert demi-long.
4. Vert long d'Athènes ou Grec.
5. Brodé de Khiva.
6. Blanc court à confire.
7. Vert long de Chine.

Огурецъ.

½ настоящей величины.

1. Русскій короткій зеленый самый ранній.
2. Самый длинный зеленый змѣеобразный.
3. Средней длинны зеленый плодовитый.
4. Греческій (Афинскій) длинный зеленый.
5. Хиванскій сѣтчатый.
6. Короткій бѣлый кистистый.
7. Китайскій зеленый змѣеобразный.

ALBUM BENARY.

Tab. VII.

1876.

Buschbohnen.

Natürliche Grösse.

1. Rothe Flageolet (rothe Pariser).
2. Schwanecke's Zucker-Brech-.
3. Früheste holländische Schwert-.
4. Krebs, lange rothe frühe.
5. Gelbe Pariser.
6. Früheste Neger (Schoten und Blüthe).
7. Früheste rothe Adler.

Beans — Dwarf French, Kidney, or Snap.

Natural Size.

1. Long Crimson Flageolet.
2. Schwanecke's Butter.
3. Earliest White-seeded Frame.
4. Fulmer's Early Forcing.
5. Canary, round-seeded.
6. Early Black Negro (pods and blossom).
7. China, or Red Speckled.

Haricots nains.

Grandeur naturelle.

1. Flageolet rouge ou Rognon de coq.
2. Beurre de Schwanecke.
3. Sabre hâtif de Hollande à châssis.
4. Rouge long productif.
5. De la Chine jaune.
6. Noir hâtif de Belgique (cosses et fleur).
7. De la Chine bicolore.

Бобъ низкорослый.

Настоящей величины.

1. Флажоле красный (Парижскій красный).
2. Сахарный Шванека.
3. Голландскій самый ранній сабельный.
4. Ракъ, длинный красный ранній.
5. Парижскій желтый.
6. Арапъ самый ранній (струкъ и цвѣтъ).
7. Самый ранній красный орелъ.

ALBUM BENARY.

Tab. VIII. 1876.

Rettige.

Natürliche Grösse.

1. Russischer langer weisser Treib-.
2. Sommer-, runder weisser verbesserter.
3. Chinesischer rosenrother.
4. Goldgelber runder Dresdener Mai-.
5. Gelber Wiener Mai-.
6. Ovaler goldgelber Mai-.

Radishes.

Natural Size.

1. Long White Russian Frame, extra.
2. White Summer Turnip, improved.
3. Scarlet China Winter.
4. Golden Yellow Summer Turnip, improved.
5. Yellow Summer Turnip.
6. Olive-shaped Golden Yellow Summer.

Radis.

Grandeur naturelle.

1. Blanc de Russie.
2. Blanc d'été rond, amélioré.
3. Rose d'hiver de Chine.
4. Jaune d'or d'été rond, de Dresde.
5. Jaune rond ou roux d'été.
6. Jaune d'or ovale d'été.

Рѣдька.

Настоящей величины.

1. Русская длинная бѣлая парниковая.
2. Лѣтная круглая бѣлая улученная.
3. Китайская розовая.
4. Дрезденская Майская круглая золото-желтая самая ранная.
5. Вѣнская Майская круглая желтая.
6. Майская овальная золотожелтая.

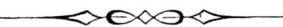

ALBUM BENARY.

Tab. IX.
1876.

Kopfsalate.

⅓ natürliche Grösse.

1. Steinkopf, gelber früher. W. K.
2. Prinzenkopf, gelber rothkantiger. W. K.
3. Grösster Cyrius oder Mogul. W. K.
4. Asiatischer, grosser gelber. W. K.
5. Mailänder oder Kaiserkopf. G. K.
6. Vollblut. W. K.

W. K. weisskörniger Saamen; G. K. gelbkörniger Saamen.

Lettuces — Cabbage Varieties.

⅓ natural Size.

1. Early White Stonehead, or Tennisball. W. S.
2. Royal, or White Summer. W. S.
3. Large Versailles, or Grand Admiral. W. S.
4. Imperial, or Large Asiatic. W. S.
5. Large Normandy, or Negro-head. Y. S.
6. Improved Spotted. W. S.

W. S. White Seed; Y. S. Yellow Seed.

Laitues pommées.

⅓ grandeur naturelle.

1. Gotte ou gau. gr. b.
2. Royale ou blonde d'été. gr. b.
3. De Versailles. gr. b.
4. Turque ou de Russie. gr. b.
5. Grosse Normande. gr. j.
6. Flagellée ou sanguine améliorée. gr. b.

gr. b. graine blanche; gr. j. graine jaune;

Салатъ кочанный.

⅓ настоящей величины.

1. Желтый ранній Штейнкопфъ (каменная голова). Б. С.
2. Желтый краснокаймленный Принценкопфъ (голова принца). Б. С.
3. Самый большой Циріусъ или Моголъ. Б. С.
4. Азіатскій большой желтый. Б. С.
5. Миланскій или Императорскій. Ж. С.
6. Полнокровный. Б. С.

Б. С. = Бѣлое сѣмя. Ж. С. = Желтое сѣмя.

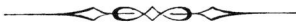

ALBUM BENARY.

Tab. X.
1876.

Salat-Rüben oder Beete.

½ natürliche Grösse.

1. Erfurter schwarzrothe lange dunkellaubige.
2. Rothe rauhhäutige Crapaudine.
3. Dunkelrothe plattrunde aus Egypten (Benary).
4. Erfurter schwarzrothe lange.
5. Gelbe runde frühe.
6. Rothe runde frühe.

Beets.

½ natural Size.

1. Long Black Red Erfurt, Dark-foliaged.
2. Dark Red Rough-skinned Crapaudine.
3. Dark Red Egyptian Turnip (Benary).
4. Long Black Red Erfurt.
5. Round Yellow Turnip.
6. Early Red Round or Turnip.

Betteraves à salade.

½ grandeur naturelle.

1. Rouge noir, longue d'Erfurt à feuillage rouge foncé.
2. Rouge Crapaudine ou écorce.
3. Rouge foncé, plate d'Egypte (Benary).
4. Rouge noir, longue d'Erfurt.
5. Jaune ronde précoce.
6. Rouge ronde précoce.

Свекла салатная.

½ настоящей величины.

1. Эрфуртская чернокрасная длинная темнолиственная.
2. Красная жесткокожая, Краподинъ.
3. Египетская темнокрасная плоская.
4. Эрфуртская чернокрасная длинная.
5. Желтая круглая ранняя.
6. Красная круглая ранняя.

ALBUM BENARY.

Tab. XI.

1876.

Stangenbohnen.
½ natürliche Grösse.

1. Riesen-Zucker-Brech-, mit wachsgelben Schoten.
2. Schwarze gelbschotige römische Wachs-.
3. Schlachtschwert-, allergrösste.
4. Grosse weissschalige Wachs-, aus Algier.
5. Blauschotige Speck.
6. Arabische weisse (und Blüthe).
7. Kleine Princess ohne Fäden.
8. Arabische buntblühende (Blüthe).
9. Arabische Feuer (Blüthe und Samen).
10. Arabische schwarze (Samen).

Beans — Runner, Tall Kidney, or Pole.
½ natural Size.

1. White-seeded Sugar with Yellow Pods.
2. Black Algerian, or Black-seeded Wax, Yellow-podded.
3. Largest White Dutch (Case-knife).
4. Broad White-podded Black-seeded Algerian.
5. Purple-podded.
6. White-flowered Scarlet Runner (pods and blossom).
7. Small White Stringless Princess.
8. Painted Lady, or York and Lancaster Runner (blossom).
9. Scarlet Runner (seed and blossom).
10. Giant Negro Runner (seed).

Haricots à rames.
½ grandeur naturelle.

1. Beurre sucré géant à cosse jaune.
2. D'Alger ou beurre (grain noir) à cosse jaune.
3. Sabre à très-grande cosse.
4. Sabre noir (d'Alger-Saulnier) à très-grande cosse blanche sans parchemin.
5. A cosse violette.
6. D'Espagne blanc (cosses et fleur).
7. Princesse, sans parchemin.
8. D'Espagne bicolore (fleur).
9. D'Espagne rouge (grain et fleur).
10. D'Espagne noir ou Géant (grain).

Бобъ высокорослый.
½ настоящей величины.

1. Исполинскій сахарный съ воскожелтыми стручками.
2. Черный желтостручный римскій восковой.
3. Боевой мѣчь самый большой.
4. Альжирскій восковой большой бѣлостручный.
5. Синестручный жирный.
6. Аравійскій бѣлый (струкъ и цвѣтъ).
7. Малая Принцесса или салатый безъ ниточекъ.
8. Аравійскій пестроцвѣтный (цвѣтъ).
9. Аравійскій огнецвѣтный (цвѣтъ и сѣмя).
10. Аравійскій черный (сѣмя).

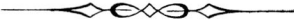

ALBUM BENARY.

Tab. XII.

1876.

Wurzelgewächse.

½ natürliche Grösse.

1. Cichorie, lange Magdeburger.
2. Kerbelrübe.
3. Pastinak, lange.
4. Cichorie, dicke Braunschweiger.
5. Haferwurzel.
6. Petersilienwurzel, lange dicke.
7. Rapunzelwurzel (Campanula Rapunculus).
8. Scorzonerwurzel.
9. Petersilienwurzel, kurze dicke.
10. Pastinak, runde.

Culinary Roots.

½ natural Size.

1. Chicory, Large-rooted Long Magdeburg.
2. Chervil, Turnip-rooted.
3. Parsnip, Long.
4. Chicory, Thick-rooted Brunswick.
5. Salsify, or Vegetable Oyster.
6. Parsley, Sheeps' or Field, Large-rooted.
7. Rampion, Small White.
8. Scorzonera.
9. Parsley, Short Thick-rooted.
10. Parsnip, Turnip-rooted.

Racines comestibles.

½ grandeur naturelle.

1. Chicorée à grosse racine ou à café, de Magdebourg.
2. Cerfeuil tubéreux.
3. Panais long.
4. Chicorée à grosse racine ou à café, de Brunswick.
5. Salsifis blanc.
6. Persil à grosse racine longue.
7. Raiponce.
8. Scorsonère ou Salsifis noir.
9. Persil à courte racine.
10. Panais rond hâtif.

Коренья.

½ настоящей величины.

1. Цикорія, длинная Магдебургская.
2. Кервельная рюпа.
3. Пастернакъ, длинный.
4. Цикорія, толстая Брауншвейгская.
5. Овсянный корень.
6. Петрушка, длинная толстая.
7. Рапунцель.
8. Скорціонеръ.
9. Петрушка, короткая толстая.
10. Пастернакъ, круглый.

ALBUM BENARY.

Tab. XIII.

1876.

Runkel- und Zucker-Runkelrüben.

⅓ natürliche Grösse.

1. Runkelrübe, Oberndorfer, runde rothe.
2. Runkelrübe, Oberndorfer, runde weisse.
3. Runkelrübe, Oberndorfer, runde gelbe.
4. Runkelrübe, gelbe runde verbesserte (Champion Yellow Globe).
5. Zuckerrunkel, reinweisse.
6. Runkelrübe, Ochsenhorn, rothe.
7. Zuckerrunkel, silberweisse Imperial.
8. Runkelrübe, Flaschen-, ovale goldgelbe.

Mangel Wurzels. Sugar Beets.

⅓ natural Size.

1. Mangel Wurzel, Oberndorf Round Red.
2. Mangel Wurzel, Oberndorf Round White.
3. Mangel Wurzel, Oberndorf Round Yellow.
4. Mangel Wurzel, Champion Yellow Globe.
5. Sugar Beet, White Silesian.
6. Mangel Wurzel, Ox-horn Red.
7. Sugar Beet, White Imperial.
8. Mangel Wurzel, Golden Tankard.

Betteraves champêtres. Betteraves blanches à sucre.

⅓ grandeur naturelle.

1. Betterave champêtre rouge ronde d'Oberndorf.
2. Betterave champêtre blanche ronde d'Oberndorf.
3. Betterave champêtre jaune ronde d'Oberndorf.
4. Betterave champêtre jaune globe champion.
5. Betterave blanche à sucre de Silésie.
6. Betterave champêtre corne de boeuf.
7. Betterave blanche à sucre Impériale.
8. Betterave champêtre jaune d'or ovoïde.

Свекловица и Свекловица сахарная.

⅓ настоящей величины.

1. Свекловица, Оберндорфская красная круглая.
2. Свекловица, Оберндорфская бѣлая круглая.
3. Свекловица, Оберндорфская желтая круглая.
4. Свекловица, желтая круглая улучшенная.
5. Свекловица сахарная, чистобѣлая.
6. Свекловица, красная воловый рогъ.
7. Свекловица сахарная, серебренобѣлая Имперіялъ.
8. Свекловица, овальная золотожелтая бутылковидная.

ALBUM BENARY.

Tab. XIV. 1876.

Runkelrüben.

⅓ natürliche Grösse.

1. Lange gelbe.
2. Lange gelbe Erfurter Pfahl-.
3. Ovale gelbe Flaschen-.
4. Mammoth, sehr lange dicke rothe.
5. Lange rothe Erfurter Pfahl-.
6. Ovale rothe Riesen-Flaschen-.
7. Lange rothe.
8. Rothe Riesen-Pfahl-.

Mangold Wurzels.

⅓ natural Size.

1. Long Yellow.
2. Erfurt Smooth Long Yellow.
3. Large Olive-shaped Yellow.
4. Long Red Mammoth.
5. Erfurt Smooth Long Red.
6. Large Olive-shaped Red.
7. Long Red.
8. Giant Red.

Betteraves champêtres.

⅓ grandeur naturelle.

1. Jaune longue d'Allemagne.
2. Jaune longue géante, d'Erfurt.
3. Jaune ovoïde des Barres.
4. Rouge longue Mammouth.
5. Rouge longue géante, d'Erfurt.
6. Grande rouge ovoïde.
7. Rouge longue.
8. Rouge géante.

Свекловица.

⅓ насшоящей величины.

1. Длинная желтая.
2. Длинная желтая Эрфуртская.
3. Овальная желтая бутылковидная.
4. Очень длинная толстая красная Маммутъ.
5. Длинная красная Эрфуртская.
6. Овальная исполинская бутылковидная.
7. Длинная красная.
8. Длинная красная исполинская.

ALBUM BENARY.

Tab. XV.

1876.

Zierkürbisse.

⅓ natürliche Grösse.

1. Bischofsmütze, gelbe.
2. Kaisermütze, orange.
3. Türkenbund, rother.
4. Türkenbund, grüner.
5. La Galeuse, gewarzter (wird bei vollständiger Reife gelb).
6. Angurien.
7. Crook-neck (wird bei vollständiger Reife gelb).

Ornamental Gourds.

⅓ natural Size.

1. Bishop's Mitre, Yellow.
2. Elector's Cap, Orange.
3. Turk's Turban, Red.
4. Turk's Turban, Green.
5. La Galeuse, Warted (becomes yellow at maturity).
6. Angora.
7. Crook-neck (becomes yellow at maturity).

Courges d'ornement.

⅓ grandeur naturelle.

1. Mitre d'évêque, jaune.
2. Bonnet d'électeur, orange (Patisson).
3. Turban turc, ou Giraumon, rouge.
4. Turban turc, ou Giraumon, vert.
5. La Galeuse (devient jaune à la maturité).
6. Boule de Siam, ou Melon de Malabar.
7. Cou-tors (devient jaune à la maturité).

Тыква фигурная.

⅓ настоящей величины.

1. Епископская митра желтая.
2. Шапка царская оранжевая.
3. Чалма турецкая красная.
4. Чалма турецкая зеленая.
5. Ла Галёзе, бородавочная (всовершенном созрении желтая).
6. Ангурія.
7. Крук-некъ криво-шея (всовершенном созрении желтая).

ALBUM BENARY.

Tab. XVI. 1876.

Zwiebeln.
Natürliche Grösse.

1. Schwefelgelbe plattrunde.
2. Silberweisse.
3. Von Teneriffa.
4. James's ovale gelbe.
5. Erfurter blassrothe.
6. Wethersfield, braunrothe frühe.
7. Zittauer Riesen-, runde gelbe.
8. Holländische blutrothe plattrunde.
9. Lange gelbe Birn-.
10. Braunschweiger dunkelrothe plattrunde.

Onions.
Natural Size.

1. White Spanish, or Portugal.
2. Early White Silver-skinned.
3. Teneriffe Early.
4. James's Long-keeping.
5. Light Red Strasburg.
6. Early Red Wethersfield.
7. Zittau Giant Yellow.
8. Blood Red.
9. Yellow Pear-shaped (Pyriforme).
10. Deep Blood Red (Brunswick).

Oignons.
Grandeur naturelle.

1. Jaune soufre d'Espagne.
2. Blanc hâtif.
3. Très-hâtif de Ténériffe.
4. De James.
5. Rouge pâle de Strasbourg.
6. Rouge hâtif de Wethersfield.
7. Jaune Géant de Zittau.
8. Rouge sang plat.
9. Jaune Pyriforme (Poire).
10. Rouge noir foncé de Brunswick.

Лукъ рѣпчатый.
Настоящей величины.

1. Сѣрножелтый плоскій твердый.
2. Серебренобѣлый ранній твердый.
3. Тенерифскій очень ранній свѣтлобурый.
4. Твердый овальный желтый Джемсъ.
5. Эрфуртскій блѣднокрасный плоскій твердый.
6. Бурокрасный ранній Уэтерсфильдъ.
7. Круглый желтый Циттаускій исполинскій.
8. Голландскій кровокрасный плоскій твердый.
9. Желтый сладкій грушеобразный.
10. Брауншвейгскій темнокрасный плоскій.

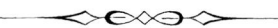

ALBUM BENARY.

Tab. XVII.

1877.

Spanische Pfeffer. Capsicum annuum.

Natürliche Grösse.

1. Kirschförmiger gelber.
2. Kirschförmiger rother.
3. Liebesfrüchtiger rother.
4. Prinz von Wales.
5. Tom Thumb, mit aufrechtstehenden Früchten.
6. Schwarzfrüchtiger.
7. Langer rother von Cayenne.
8. Rother Riesen-.
9. Langer gelber.
10. Langer rother von Chili.
11. Liebesfrüchtiger gelber.
12. Langer rother.
13. Monströser eckiger milder.

Capsicums, or Chili Peppers.

Natural Size.

1. Cherry-shaped Yellow.
2. Cherry-shaped Red.
3. Tomato-shaped Red, or Squash.
4. Prince of Wales.
5. Tom Thumb, erect-fruited.
6. Black-fruited.
7. Long Red Cayenne.
8. Red Giant.
9. Long Yellow.
10. Long Red Chili.
11. Tomato-shaped Yellow, or Squash.
12. Long Red.
13. Large Sweet Spanish, Large Bell or Square.

Piments.

Grandeur naturelle.

1. Cerise jaune.
2. Cerise rouge.
3. Tomate rouge.
4. Prince de Galles.
5. Tom Pouce à fruits dressés.
6. A fruits noirs.
7. Long rouge de Cayenne.
8. Rouge Géant.
9. Jaune long.
10. Du Chili rouge long.
11. Tomate jaune.
12. Rouge long.
13. Gros carré doux.

Перецъ Испанскій.

Настоящая величина.

1. Вишнеобразный желтый.
2. Вишнеобразный красный.
3. Баклажановидный красный.
4. Принцъ офъ Вельсъ.
5. Томъ Тумбъ, самый низкій красный съ стоячими плодами.
6. Черноплодный.
7. Длинный красный Каенъ.
8. Красный исполинскій.
9. Длинный желтый.
10. Красный длинный Хили.
11. Баклажановидный желтый.
12. Длинный красный.
13. Огромный угольный сладкій.

ALBUM BENARY.

Tab. XVIII. 1877.

Glaskohlrabi.

½ natürliche Grösse.

1. Wiener kleinblättriger niedriger früher blauer.
2. Wiener kleinblättriger niedriger früher weisser.
3. Englischer früher blauer.
4. Später blauer Riesen-.
5. Später weisser Riesen-.

Kohl Rabi, or Turnip-rooted Cabbage.

½ natural Size.

1. Purple, Earliest Short-leaved Vienna, for frame.
2. Green, Earliest Short-leaved Vienna, for frame.
3. Purple, Early Smooth.
4. Purple, Late Giant.
5. White, Late Giant.

Choux-Raves ou Choux de Siam.

½ grandeur naturelle.

1. Bleu hâtif de Vienne, pour châssis.
2. Blanc hâtif de Vienne, pour châssis.
3. Bleu hâtif.
4. Bleu Géant, tardif.
5. Blanc Géant, tardif.

Кольрабія.

½ настоящей величины.

1. Вѣнская мелколистная низкая ранняя синяя.
2. Вѣнская мелколистная низкая ранняя бѣлая.
3. Англійская ранняя синяя.
4. Поздняя синяя исполинская.
5. Поздняя бѣлая исполинская.

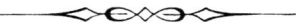

ALBUM BENARY.

Tab. XIX.

1877.

Melonen.

½ natürliche Grösse.

1. Cantaloup von Paris, Pariser Glocken-.
2. Munro's Little Heath.
3. Read's Hybrid Scarlet Flesh.
4. Skillman's feine Netz-.
5. Cantaloup von Algier.
6. Duke of Edinburgh.
7. Von Cavaillon, gelbe genetzte.

Melons.

½ natural Size.

1. Cantaloup, Prescott Large Rock.
2. Munro's Little Heath.
3. Read's Hybrid Scarlet Flesh.
4. Skillman's Fine Netted.
5. Cantaloup, Algerian.
6. Duke of Edinburgh.
7. Cavaillon Netted Red Flesh.

Melons.

½ grandeur naturelle.

1. Cantaloup Prescott (de Paris).
2. Little Heath de Munro.
3. Hybride de Read, à chair écarlate.
4. Fin brodé de Skillman.
5. Cantaloup d'Alger.
6. Duc d'Edimbourg.
7. De Cavaillon brodé, à chair rouge.

Дыни.

½ настоящей величины.

1. Канталупъ Парижскій (колоколъ Парижскій).
2. Мунросъ Лителъ Гитъ.
3. Ридсъ гибридъ Скарлетъ Флешъ.
4. Скилмана сѣтчатая.
5. Канталупъ Алжирскій.
6. Дюкъ офъ Эдинбургъ.
7. Желтая сѣтчатая Кавальонъ.

ALBUM BENARY.

Tab. XX. 1877.

Monats-Radies.
Natürliche Grösse.

1. Rundes violettes.
2. Ovales rosenrothes.
3. Rundes rosenrothes, unteres Knollenende weiss.
4. Erfurter Dreienbrunnen, frühes rundes scharlachrothes kurzlaubiges.
5. Ovales violettes, unteres Knollenende weiss.
6. Ovales weisses.
7. Langes scharlachrothes.
8. Langes weisses grünköpfiges.
9. Langes violettes.
10. Langes weisses violetköpfiges.
11. Rundes scharlachrothes.
12. Rundes rosenrothes.
13. Rundes gelbes.
14. Ovales scharlachrothes.
15. Rundes weisses, kurzlaubiges.
16. Ovales rosenrothes, unteres Knollenende weiss.

Radishes.
Natural Size.

1. Purple Turnip.
2. Red Olive-shaped.
3. Red Turnip, White-tipped.
4. Erfurt Scarlet Turnip, short-leaved, for forcing.
5. Violet Olive-shaped, White-tipped.
6. White Olive-shaped.
7. Long Scarlet, or Wood's Early Frame.
8. Long White Naples.
9. Long Purple.
10. Long White, Purple-necked.
11. Scarlet Turnip.
12. Red Turnip.
13. Yellow Turnip.
14. Scarlet Olive-shaped.
15. White Turnip, short-leaved, for forcing.
16. Scarlet Olive-shaped, White-tipped, or French Breakfast.

Radis et Raves.
Grandeur naturelle.

1. Rond violet.
2. Demi-long rose.
3. Rond rose à bout blanc.
4. Rond écarlate d'Erfurt, très-hâtif.
5. Demi-long violet à bout blanc.
6. Demi-long blanc.
7. Long ou Rave, écarlate.
8. Long ou Rave, blanc.
9. Long ou Rave, violet.
10. Long ou Rave, blanc à collet rouge.
11. Rond écarlate hâtif.
12. Rond rose ou saumoné.
13. Rond jaune.
14. Demi-long écarlate.
15. Rond blanc petit hâtif.
16. Demi-long rose à bout blanc.

Редисъ мѣсячный.
Настоящая величина.

1. Круглый фіолетовый.
2. Овальный розовый.
3. Круглый розовый съ бѣлымъ кончикомъ.
4. Эрфуртскій Дрейенбрунненъ, заранній круглый пунцовый мелколистный.
5. Овальный фіолетовый съ бѣлымъ кончикомъ.
6. Овальный бѣлый.
7. Длинный пунцовый.
8. Длинный бѣлый зеленоголовный.
9. Длинный фіолетовый.
10. Длинный бѣлый фіолетовоголовный.
11. Круглый пунцовый.
12. Круглый розовый.
13. Круглый желтый.
14. Овальный пунцовый.
15. Круглый бѣлый мелколистный.
16. Овальный розовый съ бѣлымъ кончикомъ.

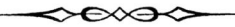

ALBUM BENARY.

Tab. XXI. 1879.

Zierkohle.

¼ natürliche Grösse.

1. Geschlitztblättriger rother.
2. Bunter prolifirender.
3. Palmbaum.
4. Von Neapel, fein gekrauster.
5. Plumage, weiss gescheckter.

Ornamental Borecoles, or Kales.

¼ natural Size.

1. Curled and Laciniated-leaved Red.
2. Curled and Variegated Proliferous.
3. Palm-tree.
4. Curled Neapolitan, white-ribbed.
5. Curled, white-striped.

Choux d'ornement.

¼ grandeur naturelle.

1. Frisé lacinié rouge.
2. Frisé prolifère panaché.
3. Palmier.
4. Frisé de Naples à côtes blanches.
5. Frisé panaché blanc.

Капуста декоративная.

¼ настоящей величины.

1. Разрѣзнолистная красная.
2. Многовѣтвистая пестрая.
3. Пальмовая древковатая.
4. Неаполитанская кудрявая.
5. Плюмажъ, бѣлопестрая.

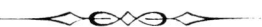

ALBUM BENARY.

Tab. XXII.   1879.

Zwiebeln.
¾ natürliche Grösse.

1. Tripoli, frühe weisse Riesen-.
2. Französische oder spanische weisse.
3. Tripoli, Queen, kleinste weisse.
4. Tripoli, frühe rothe Riesen-.
5. Madeira, grösste platte Riesen-.
6. Von Danvers, runde gelbe.
7. Tripoli, Giant Rocca, braungelbe.
8. Madeira, grösste runde Riesen-.

Onions.
¾ natural Size.

1. Italian Tripoli, Flat Giant White.
2. Late White Lisbon.
3. Italian Tripoli, The Queen, silver-skinned.
4. Italian Tripoli, Large Red Globe.
5. Tripoli or Madeira, Large Flat.
6. Danvers Yellow.
7. Italian Tripoli, Giant Rocca.
8. Tripoli or Madeira, Large Globe.

Oignons.
¾ grandeur naturelle.

1. De Tripoli (italien), hâtif, blanc plat géant.
2. Blanc gros ou blanc d'Espagne.
3. De Tripoli (italien), de la Reine, blanc très-hâtif.
4. De Tripoli (italien), hâtif rouge géant.
5. De Madère, gros plat ou Oignon de Tripoli.
6. De Danvers.
7. De Tripoli (italien), géant de Rocca.
8. De Madère, gros rond.

Лукъ рѣпчатый.
¾ настоящей величины.

1. Триполи, ранній бѣлый исполинскій.
2. Французскій или Испанскій бѣлый.
3. Триполи, Квинъ самый ранній малый бѣлый.
4. Триполи, ранній красный исполинскій.
5. Мадерскій плоскій исполинскій.
6. Круглый желтый Данверъ.
7. Триполи джейантъ Рокка, бурожелтый шаровидный.
8. Мадерскій круглый исполинскій.

ALBUM BENARY.

Tab. XXIII. 1879.

Zucker-Erbsen.
Natürliche Grösse.

1. Grosse weisse frühe Schwert- (mit Blüthe).
2. Früheste niedrige volltragende, 1' hohe.
3. Grosse graue Riesen-, Schwert- (mit Blüthe).
4. Krummschotige mit wachsgelben Schoten.
5. Vilmorin's Marrow, niedrige weisse.
6. Grosse graue breitschotige Florentiner.

Sugar, or Edible-podded Peas.
Natural Size.

1. Tall, 4 feet high (pods and blossom).
2. Dwarf, 1 foot high, early.
3. Giant, Very Large-podded, gray-seeded (pods and blossom).
4. Crooked-podded, with pale yellow pods.
5. Vilmorin's Dwarf Marrow.
6. Tall, gray-seeded.

Pois sans parchemin ou Mangetout.
Grandeur naturelle.

1. A rames, Corne de bélier, grand à fleur blanche (cosses et fleur).
2. Nain, hâtif, 1 pied.
3. A rames, gris géant à très-large cosse à fleur violette (cosses et fleur).
4. A rames, grand à cosse jaune pâle crochue.
5. Nain, ridé.
6. A rames, gris grand, à fleur rouge.

Сахарный горохъ.
Настоящая величина.

1. Большой бѣлый ранній сабельный (съ цвѣтомъ).
2. Низкій ранній плодовитый (вышиною 1 футъ).
3. Большой сѣрый исполинскій сабельный (съ цвѣтомъ).
4. Кривостручный восковожелтый.
5. Вильморена Нейтъ Марровъ, низкій бѣлый.
6. Большой сѣрый широкостручный Флорентинскій.

ALBUM BENARY.

Tomaten oder Liebesäpfel.

Natürliche Grösse.

1. Kirschförmige rothe.
2. Birnförmige.
3. Kirschförmige gelbe.
4. Grosse rothe.

5. Johannisbeerfrüchtige rothe.
6. Japanische gestreifte.
7. Grosse gelbe.
8. Monströse mit rosa Früchten.

Tomatos, or Love-Apples.

Natural Size.

1. Cherry-formed Red.
2. Pear-shaped.
3. Cherry-formed Yellow.
4. Large Red.

5. Currant-fruited Red.
6. Japanese Striped.
7. Large Yellow.
8. Rose-fruited Giant.

Tomates ou Pommes-d'amour.

Grandeur naturelle.

1. Cerise rouge.
2. Poire.
3. Cerise jaune.
4. Rouge grosse.

5. Groseille rouge.
6. Naine striée du Japon.
7. Jaune grosse.
8. Géante à fruits roses.

Баклажанъ или любовное яблоко.

Настоящая величина.

1. Вишневообразный красный.
2. Грушеобразный.
3. Вишневообразный желтый.
4. Крупноплодный красный.

5. Смородиноплодный.
6. Японскій пестрый.
7. Крупноплодный желтый.
8. Огромный съ розовыми плодами.

ALBUM BENARY.

Tab. XXV.

1882.

Kraute oder Kopfkohle.
⅟₇ natürliche Grösse.

1. Schlitzer, blaurandiges.
2. Griechisches Centner-.
3. Berliner, mittelfrühes dunkelrothes.
4. Bleichfelder, grosses frühes.
5. Filder, spitzes weisses.

Cabbages.
⅟₇ natural Size.

1. Blue-edged Schlitzer.
2. Grecian Cwt. Drumhead.
3. Blood Red Berlin.
4. Early Bleichfeld Giant.
5. Filder or Pomeranian, pointed-head.

Choux pommés ou Cabus.
⅟₇ grandeur naturelle.

1. De Schlitzer à bord bleu.
2. Quintal grec.
3. Rouge sang de Berlin.
4. Géant de Bleichfeld, hâtif.
5. Conique de Poméranie.

Капуста кочанная.
⅟₇ настоящей величины.

1. Шлитцеръ съ синими краями.
2. Греческая стофунтовая.
3. Берлинская среднеранняя темнокрасная.
4. Блейхфельдская большая ранняя.
5. Фильдская остроголовая бѣлая.

ALBUM BENARY.

Tab. XXVI.   1882.

Kopfsalate.
⅓ natürliche Grösse.

1. Grüner Fett-. S. K.
2. Fürchtenichts, grosser gelber. S. K.
3. Wheeler's Tom Thumb. S. K.
4. Berliner, gelber (Königskopf). S. K.

5. Steinkopf, goldgelber früher. W. K.
6. Goldforellen. W. K.
7. Forellen, bunter. W. K.

S. K. schwarzkörniger Samen; W. K. weisskörniger Samen.

Lettuces — Cabbage Varieties.
⅓ natural Size.

1. Green Unctuous. B. S.
2. Fearnought, large yellow. B. S.
3. Wheeler's Tom Thumb. B. S.
4. Blonde de Berlin, yellow. B. S.

5. Golden Yellow Stone-head, early. W. S.
6. Golden Spotted or Tigred. W. S.
7. Spotted or Tigred. W. S.

B. S. Black Seed; W. S. White Seed.

Laitues pommées.
⅓ grandeur naturelle.

1. Verte grasse. gr. n.
2. Passe-partout, grosse jaune. gr. n.
3. Tom Thumb (Wheeler). gr. n.
4. Blonde de Berlin, jaune. gr. n.

5. Gotte ou gau jaune d'or hâtive. gr. b.
6. Flagellée dorée. gr. b.
7. Flagellée. gr. b.

gr. n. graine noire; gr. b. graine blanche.

Салатъ кочанный.
⅓ настоящей величины.

1. Зеленый жирный. Ч. С.
2. Небоящiйся большой желтый. Ч. С.
3. Вилера Томъ Тумъ. Ч. С.
4. Берлинскiй желтый (королевскiй). Ч. С.

5. Штейнкопфъ золотожелтый раннiй. Б. С.
6. Форель золотой. Б. С.
7. Форель пестрый. Б. С.

Ч. С. = Черное сѣмя.   Б. С. = Бѣлое сѣмя.

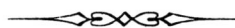

ALBUM BENARY.

Tab. XXVII. 1882.

Erbsen.
Natürliche Grösse.

1. Markerbse, Telephone.
2. Kneifelerbse, mit purpurrothen Schoten.
3. Kneifelerbse, de Grace (Buxbaum) zum Treiben.
4. Kneifelerbse, Mai-, allerfrüheste niedrige.
5. Markerbse, Wunder von Amerika.
6. Markerbse, Wilhelm I.

Peas.
Natural Size.

1. Telephone (wrinkled).
2. Purple-podded.
3. De Grace, for forcing.
4. Earliest Dwarf May.
5. American Wonder (wrinkled).
6. William the First.

Pois à écosser.
Grandeur naturelle.

1. Telephone (à gr. ridé).
2. A cosses violettes.
3. Très-hâtif à châssis (De Grace).
4. Nain très-hâtif de Mai.
5. Merveille d'Amérique (à gr. ridé).
6. William premier.

Горохъ для лущенія.
Настоящая величина.

1. Марровъ Телефонъ.
2. Съ пурпуровыми стручками.
3. Де Грасъ парниковый.
4. Майскій самый ранній низкій.
5. Марровъ Чудо Американское.
6. Марровъ Вильгельмъ I.

ALBUM BENARY.

Tab. XXVIII.

1882.

Mangold oder Beete (Beisskohl).

⅕ natürliche Grösse.

1. Brasilianischer, goldgelb geadert.
2. Brasilianischer, carmoisin geadert.
3. Silber mit krausem Blatte.
4. Grosser breitblättriger gelber.
5. Chilenischer rother.
6. Chilenischer gelber.

Beet or Swiss Chard.

⅕ natural Size.

1. Golden-veined Brazilian.
2. Crimson-veined Brazilian.
3. Silver-veined, curled.
4. Common Large (Spinage Beet).
5. Red Chilian.
6. Yellow Chilian.

Poirée (Bette).

⅕ grandeur naturelle.

1. Jaune du Brésil.
2. Rouge du Brésil.
3. A carde blanche frisée.
4. Blonde commune (race de Lyon).
5. A carde du Chili rouge.
6. A carde du Chili jaune.

Мангольдъ или Свекла.

⅕ настоящей величины.

1. Бразиліанскій съ золотожелтыми прожилками.
2. Бразіанскій съ кармазинными прожилками.
3. Серебристый съ кудрявыми листьями.
4. Желтый широколистный большой.
5. Хильскій красный.
6. Хильскій желтый.

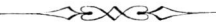

ALBUM BENARY.

Tab. XXIX.
1886.

Zwiebeln.
⅔ natürliche Grösse.

1. Fleischfarbene platte.
2. Como. (Golden Queen.)
3. Tripoli, platte weisse Mammoth.
4. Magnum Bonum.
5. Trébons.
6. White Globe.
7. Yellow Globe.
8. Bedfordshire Champion.
9. Vertus.
10. Red Globe.

Onions.
⅔ natural Size.

1. Flat Flesh-coloured.
2. Como, or Golden Queen.
3. Italian Tripoli, White Flat Mammoth.
4. Magnum Bonum.
5. Trébons.
6. White Globe.
7. Yellow Globe.
8. Bedfordshire Champion.
9. Vertus.
10. Red Globe.

Oignons.
⅔ grandeur naturelle.

1. De Mazé.
2. De Como.
3. De Tripoli (italien), blanc plat Mammouth.
4. Magnum Bonum.
5. De Trébons.
6. Blanc globe.
7. Jaune globe.
8. Bedfordshire Champion.
9. Jaune paille des Vertus.
10. Rouge globe.

Лукъ рѣпчатый.
⅔ настоящей величины.

1. Тѣлесноцвѣтный плоскій.
2. Комо.
3. Триполи плоскій бѣлый маммутовый.
4. Магнумъ бонумъ.
5. Требонъ.
6. Бѣлый глобъ.
7. Желтый глобъ.
8. Бедфордшеръ Чемпіонъ.
9. Вертю.
10. Красный глобъ.

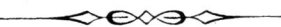

ALBUM BENARY.

Tab. XXX.

1886.

Treibgurken.
⅓ natürliche Grösse.

1. Cluster.
2. Kleinblättrige hellgrüne weissstachelige.
3. Ruhm von Erfurt.
4. Rollisson's Telegraph.
5. Duke of Edinburgh, grün.
6. Noa's Treib-.

Frame Cucumbers.
⅓ natural Size.

1. Sutton's Cluster.
2. White-spined, Small-leaved.
3. Glory of Erfurt.
4. Rollisson's Telegraph.
5. Duke of Edinburgh.
6. Noa's Forcing.

Concombres à forcer.
⅓ grandeur naturelle.

1. Cluster (A Grappes).
2. A épines blanches et à petites feuilles.
3. Gloire d'Erfurt.
4. Télégraphe (Rollisson).
5. Duc d'Édimbourg.
6. De Noa.

Огурцы парниковые.
⅓ настоящей величины.

1. Суттона Клустеръ (пучкоцвѣтные).
2. Мелколистные, свѣтло-зеленые бѣлоиглистые.
3. Эрфуртская Слава.
4. Телеграфъ Роллисона.
5. Дюкъ офъ Эдинбургъ.
6. Ноа парниковые.

ALBUM BENARY.

Tab. XXX.

⅓ gr. nat.

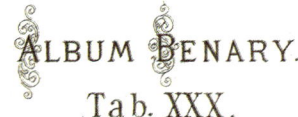

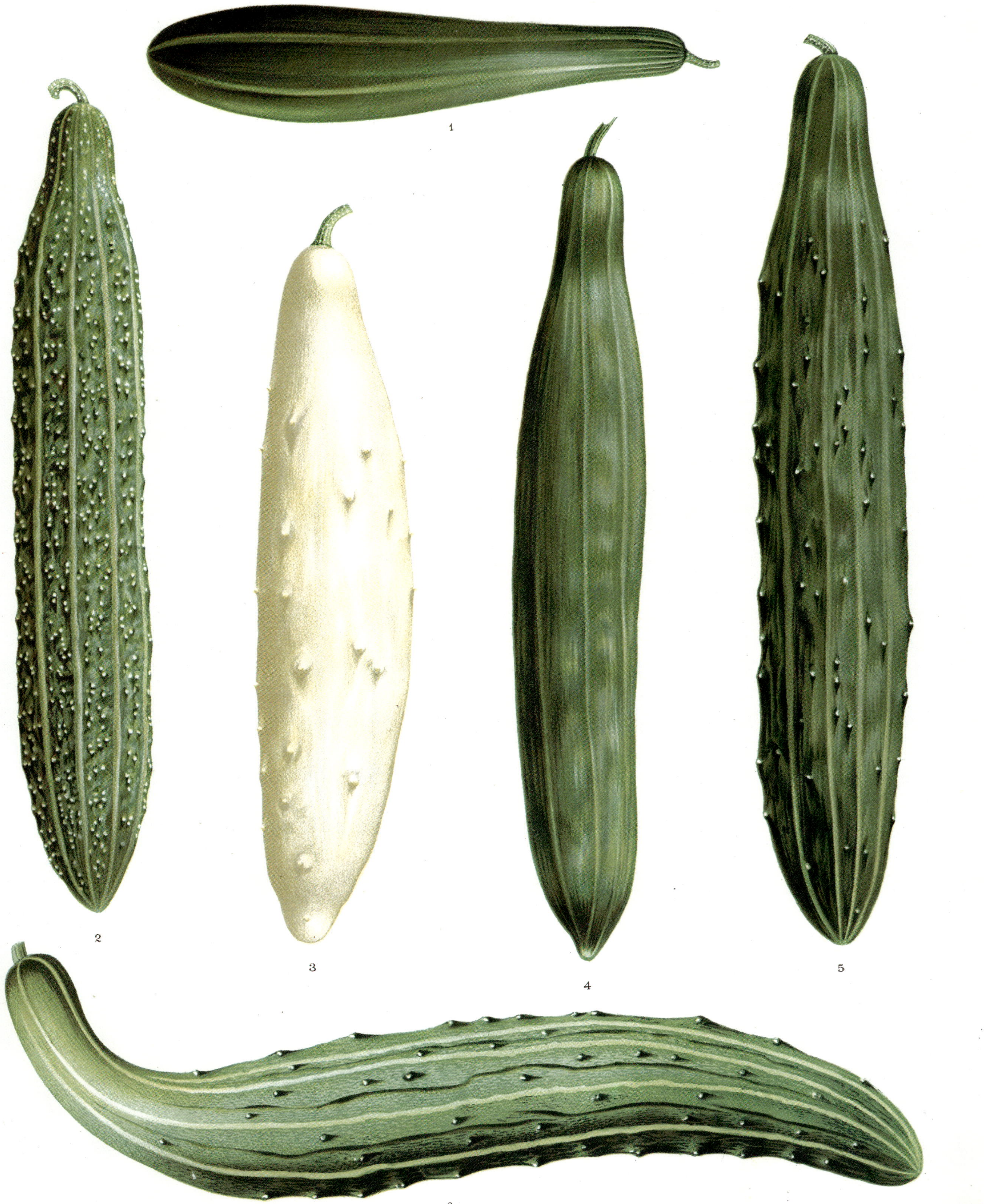

Ad nat. pict. in. horto, Benary.

ERNST BENARY, ERFURT.

Chromolith. Gustav Leutzsch, Gera, Reuss.

ALBUM BENARY.

Tab. XXXI. 1886.

Wirsing (Savoyer- oder Börskohl).
$\frac{1}{5}$ natürliche Grösse.

1. Erfurter gelbgrüner Winter-.
2. Ulmer allerfrühester niedrigster Treib-.
3. Tom Thumb.
4. Frankfurter Zuckerhut.
5. Groot's Liebling.
6. Kitzinger allerfrühester.
7. Braunschweiger.

Savoy Cabbages.
$\frac{1}{5}$ natural Size.

1. Erfurt Large Late.
2. Ulm Earliest Small.
3. Tom Thumb.
4. Frankfort Early Yellow.
5. Favourite.
6. Kitzinger.
7. Brunswick.

Choux de Milan ou pommés frisés.
$\frac{1}{5}$ grandeur naturelle.

1. D'Erfurt gros tardif.
2. D'Ulm très-hâtif.
3. Tom Pouce.
4. De Frankfort jaune hâtif.
5. Mignon.
6. De Kitzingen pointu.
7. De Brunswick.

Вирзингъ или капуста савоиская.
$\frac{1}{5}$ настоящей величины.

1. Эрфуртскій желтовато-зеленый зимній.
2. Ульмскій самый ранній низкій парниковый.
3. Томъ Тумбъ.
4. Сахарная голова франкфуртская.
5. Любимецъ Грота.
6. Китцингеръ самый ранній.
7. Брауншвейгскій средне-ранній.

ALBUM BENARY.

Küchenkräuter.

1. Basilikum, grosser grüner.
2. Basilikum, grosser violetter.
3. Basilikum, feiner violetter.
4. Basilikum, feiner grüner.
5. Salbei.
6. Kerbel, mooskrauser.
7. Kerbel, gewöhnlicher.
8. Portulac, grüner.
9. Portulac, gelber.

Herbs.

1. Basil, Sweet, Large Green.
2. Basil, Sweet, Large Purple.
3. Basil, Bush, Purple.
4. Basil, Bush, Green.
5. Sage.
6. Chervil, Curled or Double.
7. Chervil, Plain or Common.
8. Purslain, Green.
9. Purslain, Golden.

Plantes utilisées comme condiments, etc.

1. Basilic grand vert.
2. Basilic grand violet.
3. Basilic fin violet.
4. Basilic fin vert.
5. Sauge officinale.
6. Cerfeuil frisé mousse.
7. Cerfeuil commun.
8. Pourpier vert.
9. Pourpier doré.

Кухонныя травы.

1. Базиликъ крупнолистный зеленый.
2. Базиликъ крупнолистный фіолетовый.
3. Базиликъ мелколистный фіолетовый.
4. Базиликъ мелколистный зеленый.
5. Шалфей.
6. Кервель мохово-кудрявый.
7. Кервель обыкновенный.
8. Портулакъ зеленый.
9. Портулакъ желтый.

ALBUM BENARY.

Tab. XXXIII. 1893.

Winter-Endivien.

⅓ natürliche Grösse.

1. Grüne krause.
2. Italienische feinstgekrauste.
3. Gelbe krause.
4. Gelbgrüne Imperial.
5. Hellgrüne Meaux.
6. Vollherzige Guilande.
7. Feingekrauste Moos-.
8. Gelbe vollherzige Escariol-.
9. Hirschhornblättrige Rouen.
10. Grüne vollherzige Escariol-.

Endives.

⅓ natural Size.

1. Green-curled Winter.
2. Italian, green-curled Summer.
3. White-curled.
4. Imperial Curled.
5. Meaux, finest green-curled.
6 Guilande.
7. Moss-curled.
8. Broad-leaved White or Lettuce-leaved.
9. Rouen or Staghorn.
10. Broad-leaved Green (Batavian).

Chicorées.

⅓ grandeur naturelle.

1. Frisée verte.
2. Frisée fine d'été ou d'Italie.
3. Frisée toujours blanche.
4. Frisée Impériale.
5. Frisée de Meaux à cœur plein.
6. Frisée de Guilande.
7. Frisée mousse.
8. Scarole blonde ou à feuille de Laitue.
9. Frisée de Rouen ou Corne de Cerf.
10. Scarole verte.

Салатъ Эндивій зимній.

⅓ натуральной величины.

1. Зеленый курчавый.
2. Итальянскій мелко-курчавый.
3. Желтый курчавый.
4. Желто-зеленый Имперіаль.
5. Свѣтло-зеленый изъ Мо.
6. Плотный Гюиландъ.
7. Моховой.
8. Желтый плотный Эскаріоль.
9. Руанскій.
10. Зеленый плотный Эскаріоль.

ALBUM BENARY.

Tab. XXXIV.

1893.

Tomaten oder Liebesäpfel.

Natürliche Grösse.

1. König Humbert.
2. Trophy, scharlachroth.
3. Mikado, purpurroth.
4. Conqueror.
5. Trophy, goldgelb.
6. Nisbet's Victoria.
7. Golden Queen.
8. Optimus, carmoisinroth.
9. Fulton Market.

Tomatos or Love-Apples.

Natural Size.

1. King Humbert.
2. Trophy, scarlet.
3. Mikado, purplish red.
4. Conqueror, early red.
5. Trophy, New Golden.
6. Nisbet's Victoria.
7. Golden Queen.
8. Optimus.
9. Fulton Market.

Tomates ou Pommes d'amour.

Grandeur naturelle.

1. Roi Humbert.
2. Trophy.
3. Mikado hâtive, rouge pourpre.
4. Conqueror.
5. Trophy, jaune d'or.
6. Victoria.
7. Golden Queen.
8. Optimus.
9. Fulton Market.

Томаты или амурное яблоко.

Натуральной величины.

1. Король Гумбертъ.
2. Трофи, шарлахово-красный.
3. Микадо, пурпурово-красный.
4. Конкверор.
5. Трофи, золото-желтый.
6. Нисбета Викторія.
7. Золотая королева.
8. Оптимусъ, кармазиново-красный.
9. Фультона рыночный.

ALBUM BENARY.

Tab. XXXV. 1893.

Rabinschen (Feldsalat).   Petersilien.
⅓ natürliche Grösse.

1. Gewöhnliche.
2. Dunkelgrüne vollherzige.
3. Italienische (Régence).
4. Löffelblättrige.
5. Holländische breitblättrige.

6. Non plus ultra.
7. Mooskrause.
8. Farrnblättrige.
9. Feingekrauste Zwerg-.
10. Verbesserte dichtlaubige.
11. Gefüllte oder krause.
12. Gewöhnliche Schnitt-.

Corn Salads.   Parsleys.
⅓ natural Size.

1. Large round-leaved.
2. Green-cabbaging.
3. Italian (Valeriana coronata).
4. Concave-leaved.
5. Large-leaved Dutch.

6. Beauty of the Parterre.
7. Hybrid Moss-Curled.
8. Fern-leaved.
9. Triple-curled Dwarf, extra.
10. Plain, improved.
11. Curled or Double.
12. Plain or Common.

Mâches.   Persils.
⅓ grandeur naturelle.

1. à feuilles rondes.
2. Verte à cœur plein.
3. D'Italie ou Régence.
4. à feuilles en cuiller.
5. Ronde à grosse graine.

6. Non plus ultra.
7. Mousse nain frisé.
8. à feuille de fougère.
9. Très-frisé nain.
10. Commun amélioré, très-feuillé.
11. Frisé ou double.
12. Commun.

Салатъ Рапунцель.   Петрушка для зелени.
⅓ натуральной величины.

1. Обыкновенный.
2. Темно-зеленый плотный.
3. Итальянскій (Режансъ).
4. Ложечный.
5. Голландскій широколистный.

6. Безподобная.
7. Моховая.
8. Папоротниколистная.
9. Карликовая мелколистная.
10. Улучшенная густолистная.
11. Курчавая.
12. Обыкновенная.

ALBUM BENARY.

Tab. XXXVI. 1893.

Rettige.
⅔ natürliche Grösse.

1. Pariser kohlschwarzer Winter-.
2. Herbst-, rothschaliger.
3. Herbst-, Stuttgarter weisser Riesen-.
4. Herbst-, Münchener lerchenfarbener.
5. Winter-, violetter Gournay.
6. Sommer-, ovaler weisser Strassburger.
7. Winter-, grauer Laon.
8. Winter-, Erfurter runder schwarzer.
9. Winter-, Erfurter langer schwarzer.
10. Winter-, Münchener runder weisser.

Radishes.
⅔ natural Size.

1. Winter, Spanish, Coal-black Parisian.
2. Autumnal, Red.
3. Summer, White Giant Stuttgart.
4. Autumnal, Munich, Lark-coloured.
5. Winter, Spanish, Large Purple Gournay.
6. Summer, White Strasburg or Hospital.
7. Winter, Spanish, Grey Laon.
8. Winter, Spanish, Round Black.
9. Winter, Spanish, Long Black.
10. Winter, Spanish, Round White Munich.

Radis.
⅔ grandeur naturelle.

1. d'hiver noir long de Paris.
2. d'automne rouge.
3. d'automne blanc géant de Stuttgart.
4. d'automne alouette de Munich.
5. d'hiver violet de Gournay.
6. d'été blanc demi-long de Strasbourg.
7. d'hiver gris de Laon.
8. d'hiver noir gros rond d'Erfurt.
9. d'hiver noir gros long d'Erfurt.
10. d'hiver blanc rond de Munich.

Рѣдьки.
⅔ натуральной величины.

1. Парижская зимняя угольно-черная.
2. Осенняя краснокожая.
3. Осенняя Штуттгартская бѣлая исполинская.
4. Осенняя Мюнхенская жаворонкоцвѣтная.
5. Зимняя фіолетовая Гурнай.
6. Лѣтняя овальная бѣлая Штрасбургская.
7. Зимняя сѣрая Лаонская.
8. Зимняя Эрфуртская круглая черная.
9. Зимняя Эрфуртская длинная черная.
10. Зимняя Мюнхенская круглая бѣлая.